觉醒吧！男孩

胖豆妈 著

人民邮电出版社

北京

图书在版编目（CIP）数据

觉醒吧！男孩 / 胖豆妈著. -- 北京：人民邮电出版社，2024.8
ISBN 978-7-115-64466-4

Ⅰ. ①觉… Ⅱ. ①胖… Ⅲ. ①男性－家庭教育 Ⅳ.
①G782

中国国家版本馆CIP数据核字(2024)第109410号

◆ 著　　　胖豆妈
责任编辑　徐竞然
责任印制　周昇亮

◆ 人民邮电出版社出版发行　　北京市丰台区成寿寺路 11 号
邮编　100164　电子邮件　315@ptpress.com.cn
网址　https://www.ptpress.com.cn
北京天宇星印刷厂印刷

◆ 开本：880×1230　1/32
印张：8　　　　　　　　2024 年 8 月第 1 版
字数：161 千字　　　　　2024 年 8 月北京第 1 次印刷

定价：52.80 元

读者服务热线：(010)81055296　印装质量热线：(010)81055316
反盗版热线：(010)81055315
广告经营许可证：京东市监广登字 20170147 号

前　言

　　曾经有一位三年级孩子的妈妈在我的公众号后台向我求助，她细数了她儿子一堆屡教不改的坏毛病，说自己被气哭过无数次，很长一段时间焦虑到失眠，问我该怎么办。

　　我问她："能跟我说说你儿子的 5 个优点吗？"

　　她说："哪有什么优点，他太差劲了，老师天天控诉他，同学也都不喜欢他。"

　　我再问："亲爱的，我问的是你眼里他的好，不是老师和同学的评价。"

　　她回答："他很爱我，就算我天天说他，他也永远都给我打100 分。"

　　我继续问："那你最近夸过孩子吗？"

　　她说："没有，他都这么差劲了，再夸还不反了天了？"

　　最后我说："说实话，**我觉得你的孩子现在更需要你的夸奖，别再说他差劲了。**"

遇到问题孩子不必慌，淘气男孩也有大潜力。

胖豆也曾经是世俗定义里标准的"熊孩子"。幼儿园时，老师气愤到暗示我，这孩子再不管，长大了怕是要闯出大祸来。

上小学前两年，被老师批评那是家常便饭，最高纪录一天 7 次；还有老师直接在家长会上给他贴上"问题孩子"的标签。

我也曾觉得丢脸，气过，哭过。

典型焦虑型妈妈的每一句台词，我都说过——"究竟要我说多少遍你才听得进去？""你看看人家，再看看你自己！""你就不能长点儿心，别让妈妈丢脸了？""这么简单的题还出错，你能不能认真点儿？"……可结果总是——不管用！

从胖豆小学三年级开始，我开始执着于带他体验生活，而非一味说教、讲大道理。我发现击中人心的也许只是一部电影、一首歌、一群人、一件事……一旦他真的被击中，有了"从心"出发的勇气，改变也就真正开启了。

作为妈妈，我必须无条件相信他！我坚信他只是暂时优秀得不那么明显，他需要我的帮助；我只是暂时还没有找到适合他的教育方式，我一定会找到，也必须找到。

我开始疯狂地学习育儿知识，儿童心理学的书我读了好几十本，育儿课一两年下来听了不下 100 场。我开始意识到，**一个好妈妈，应该用 100 种方式去教育一个孩子，而不是迷信一种方式可以教好 100 个孩子**。不能照搬别人的方法，要尊重孩子的个性，倾听孩子的心声，因材施教，点燃动力。

看到好的方法，我会跟胖豆去实践，并做好记录，然后根据他的反馈进行调试，再实践。他犯了任何错误，我都会和他一起去承担，想办法解决。

几年下来，胖豆的变化非常大，虽然他现在正值青春期，还是会时不时地作妖，但整体频次已经非常低了。他优秀得越来越明显，成功进入了他理想中的中学，有了不少优秀的好朋友，人也越来越自信。

因为痛过，所以懂得。我知道男孩的成长过程中，让妈妈焦虑和头痛的绝对不只学习这一件事；我也发现教育专家、知名教育博主的孩子大多是女孩。"一点就通"在厚脸皮、经常选择性"耳聋"的男孩面前，简直是教育的奢侈品。

有没有接地气的方法，能让虐妈千百遍的淘气男孩的妈妈看到一丝曙光，相信虽百转千回，但问题终究有解的那一天。

这也是我写这本书的初衷。胖豆就是个现实生活里淘气又阳光的邻家男孩。我们的真实教养记录分享，哪怕只是让一个妈妈在无助的时候，能看到一丝微光，愿意再多试一次，也许这世上就多了一个优秀得更明显的孩子，那我的分享就是值得的。

我们只需要坚信：没有不想变好的孩子，也没有"教"不好的孩子。

当我们发现教育受阻，挫败无力的时候，试着跳出来，先不逼迫孩子改变，而是先试着改变一下自己，接纳孩子的不完美，多关注生命教育，多看见孩子的情绪和想法，专注于点燃孩子的学习动力，帮他找到适合他的学习方法，而非紧盯着具体知识的灌输，我们就会发现，整个世界都不一样了。孩子的行为认知、人际交往、学习都会自然而然地往好的方向发展，想不优秀都难。

和孩子一起打败问题，而不是和问题一起打败孩子。

孩子犯了错、闯了祸不可怕，可以批评，但不要定性，尤其是男孩，大多是有些"逆鳞"在身上的。一定要让孩子知道，爸爸妈妈愿意和他一起去面对、去承担、去改进，会一如既往地爱他、支持他。

孩子做错事时，比起父母的指责谩骂，他们更需要的是帮助。如果这个时候连最亲近的爸爸妈妈都不帮助他，甚至嫌弃他，他就很容易感到无助，变身小怪兽。

男孩的大脑前额叶皮层发育比女孩晚，所以跟女孩相比，他们显得不擅长社交和处理情绪，自制力更弱，更容易冲动、易怒，爱发脾气。当受到外力侵扰时，他们的应激反应更大，非战即逃，要么激进好斗，要么躲进自己的"山洞"里生闷气，不出来，拒绝沟通。

问题越多的男孩，越需要父母去发现、去理解，然后用他们能接受的方式来帮助他们。孩子有了父母的爱和信任，才有力量对抗大大小小的问题。

每一个不被父母接纳、欣赏的孩子，都是折翼的天使。那些在父母的指责中长大的孩子，无论取得多大的成就，都有可能"习得性无助"。作家三毛曾写信给她的父亲说："我一生的悲哀，不是没有赚得全世界，而是要请你欣赏我。"很多被父母习惯性指责的孩子，可能要用一生去追寻一声肯定。

降低预期，降维训练，允许孩子暂时"差劲"，逐步引领孩子体验"成就"。

孩子的问题不是一天之内形成的，所以也别期待立刻就能改变。试着先降低预期，降维训练，这样无论孩子取得多么微小的进步，都是超出预期的收获，都值得为他鼓掌。想想孩子小时候第一次笑，第一次翻身，第一次爬，第一次走路，第一次喊爸爸妈妈，哪一次我们不是在一旁欢呼雀跃。

你会说，那能比吗？他现在大了，应该懂事了，应该知道认真学习了。可是世界上哪有那么多"应该"？他为什么就不能比别的孩子普通一点，进步得慢一点？

我已经40多岁了，应该富足了，应该淡定从容了，但为什么我依然在为碎银几两忙碌奔波，常有困惑？我该骂我自己不争气吗，还是选择跟自己和解、自洽更幸福？

如果我们可以和自己和解，那为何不能接受那个暂时跑得不够快的孩子？每个孩子都是一颗种子，只不过花期不同。有的花，一开始就灿烂绽放；有的花，则需要漫长的等待。

别看到别人的花已经盛开，自己的这株还没动静就焦虑着急。专注一点，细心呵护自己的花苗。咱就跟自己比，今天多长出一片叶子，明天多结出一个花苞，都是惊喜。接纳孩子的缺点，接纳他的不完美，而不是纠结于他不应该这样那样。

这是我们每一个父母必修的功课，也是帮助我们缓解焦虑的不二法门。

别怕有问题，也别怕慢，要有"牵着蜗牛去散步"的耐心。每个阶段，着重解决一到两个问题就好，不要贪多，不要求孩子同一时间全面变好，而是允许他有些地方"暂时差劲"。

从现在起，只有"我家的孩子"，没有"别人家孩子"。

父母的焦虑，很大一部分来源于将自家孩子与别人家孩子做比较，这种比较显得自家孩子格外不行，于是父母心生担忧，无限后怕。马歇尔·卢森堡在《非暴力沟通》中写道："与别人比较，是悲惨生活的开始。"

其实，孩子不必成为别人家的谁，也不必活成老师眼中正确无比的乖孩子。我们要成全自家的男孩，帮他找到他独有的闪光点，找到天赋和兴趣，然后引导他按照适合自己的节奏去实现自己的价值。

兴趣是一簇星火，父母要做的就是帮孩子找到属于他的星火，然后给予支持和肯定，让孩子更有力量地绽放自己的生命力。

孩子的很多"缺点"，到底是不可饶恕的致命短板，还是裂痕里一束迷人的光，很多时候只在家长一念之间的引导。

比如孩子沉迷游戏，家长都深恶痛绝。实话实说，胖豆沉迷游戏的时候，我也抓狂过。但沉迷本身难道一定就是坏的吗？沉迷学习，沉迷研究，沉迷追逐梦想，都是好的，所以，他只是沉迷错了对象而已。

于是，我引导他换了个对象，引导他去"设计游戏"而不是"玩游戏"。然后，他开始从游戏中抽身，转而沉迷编程，还为此获得了不少全国性比赛的一等奖。

教育，不是不断发现并填补自家孩子的短板，而是不断发现并放大孩子偶尔做对的那些小事，让孩子更多地体验成就感！

男孩，越是觉得自己很强很厉害，就越少惹是生非！

请做个捧场王，在孩子做得好的时候多夸夸，捧捧场，但注意要夸得真诚，夸得具体。

我们这代父母跟我们的父辈相比，也会鼓励孩子，至少能夸得出口了。但跟孩子犯错时的"高度重视"相比，我们的夸奖还是显得太蜻蜓点水了。我们好像总能从孩子身上找到问题，发现不足，然后不厌其烦地给出自以为是的"正解"，以避免坏的结果出现。但其实，我们大多数时候都做错了。

当孩子在学习上遇到困难，懈怠、情绪低落、内心动力不足的时候，他需要的是充电、正向赋能。作为家长，我们要去引导，去激励孩子，而不是用负向打压去消耗他仅存的电量。

胖豆有时会跟我说："妈妈，我的脑子好像短路了，就是想不出来，我觉得我好像做不到。"我就会说："累了你就先休息一下吧。

回头再试一试，你一定行的！"

他问我："你那么相信我吗？"

我坚定地回答："我不是相信，是坚信！"

人类内心深处最重要的需求之一，就是被人欣赏。试试做个捧场王、爱夸夸父母，相信相信的力量，你会有意想不到的收获。

当然，我们也是第一次当父母，也会犯错，也会偶尔忍不住怒火去打击孩子。没关系，男孩也没那么脆弱，我们和孩子都是普通人，是人就有情绪。要允许自己客观表达情绪——只要不是发泄式表达就行，也要正视孩子的情绪，给它们以出口。

男孩通常吃软不吃硬，不能跟他们硬刚，当然也不能放任不管，我们需要掌握些"套路"来跟他们斗智斗勇。

但是，切记：

套路只是暂时的战术迂回，真诚才是永久的必杀技。

养孩子没有捷径，要用动态、发展的眼光去看待养育男孩的过程，尤其是淘气男孩；更要做好打持久战的准备，意识到再好的方法都不能一蹴而就，每个阶段都会有新的问题、新的发现、新的情绪触发点。

但只要我们能放下焦虑，耐心一点，多摸索、习得一些智慧的育儿方法和技能，左手出"套路"，右手打"真诚"，用心倾听、理解、接纳和等待，就一定会等到他怒放的那一天。

目 录

第**3**章

精准出击篇　养育男孩独家秘诀：深度体验，所向披靡

第**4**章

温柔坚定篇　良好亲子关系是男孩变优秀的关键

第5章

令行禁止篇　特别的男孩，需要特别的高招

第 **6** 章

高枕无忧篇　男孩需要富养知识，提升成就感

第 **1** 章

信念篇
搞定男孩，必须"半鸡半佛"、温柔坚定

1.1

搞定男孩，
必须让他"嘚瑟"起来

童年，不应该只有学习和拼搏，这是肯定的，但学习、拼搏与吃苦和不快乐不应该画等号。

玩耍是孩子的快乐源泉之一，但学习、奋斗带来的自信、成就感也是一种快乐。

整天疯玩儿、学习不好的孩子，就一定享有真正的快乐吗？也未必。

谈到学习，不少家长都会通过奖励来引导孩子好好学习。

奖励是通过外驱力的方式激发孩子持续学习的动力，而成就感解决的是孩子内驱力的问题。

千万别忽视学习自信心的建立，这项工作做得好，不但可以强化孩子的学习积极性，甚至还可以让孩子对学习上瘾。

当孩子不再把学习视作一件痛苦的事情，而是当成一项有趣的挑战，这对孩子的学习乃至一生，都意义非凡。

不少家长都倾向于把努力学习和不快乐画上等号。

如果连家长自己都认为学习是件不快乐的事，那么一旦孩子接收到这个信号，就会下意识地感到委屈、懈怠，甚至直接逃避学习。

相反，当孩子真正尝到成功的喜悦、"优秀"带来的发自内心的自信与快乐，他会觉得付出的那些努力都是值得的。

这些年来，家长整体被分成了两派，一派"打鸡血"，一派"佛系"。

我可能属于第三派："半鸡半佛"。

我们成年人都有忙得不可开交的时候，胖豆也有"忙碌不堪"的阶段，但这几年，基本上每个周末他都会出去撒欢儿。

胖豆忙于学习的时候，我们也很心疼他，也会想各种办法帮他放松。但只要孩子有劲儿往前冲，我就愿意推他一把。

因为我喜欢看到他取得好成绩时自信的样子，他可以兴奋地原地转好几圈，一副得意的神情。这种自信的快乐，不是单纯的玩耍能够带给他的。

强调一点，我没有试图说服任何家长接受我的育儿观。因为我始终认为，不同的教育观是每个家长综合权衡孩子自身特性和家庭状况后做出的不同选择。选择奋斗的童年，还是撒欢儿的童年，都没有问题，只要自己能乐在其中，旁人的评价都是浮云！

1.2
从"问题孩子"到"别人家孩子"，
我瞅准一件事——生命教育，重于学习教育

胖豆曾经是标准的"问题孩子"。虽然现在正值青春期的他，依然会有层出不穷的新问题，仿佛总也不能让人省心，但整体来看，与前几年比，他的改变是翻天覆地的。他早已成了不少人眼中的"别人家孩子"。

这个蜕变，得益于他的自我觉醒，当然也跟我育儿焦点的转变有关，两者缺一不可。

我越来越坚信：专注看见孩子的情绪，共情他的想法，不断挖掘并放大他的优点，让他不断体验成功的快乐，孩子的学习动力就会源源不断，成功只是水到渠成的事情。

家庭和学校最理想的分工，应该是：学校是孩子学习的主阵地，

家庭是孩子获得温暖和安全感的港湾。

胖豆从小就有很多"离经叛道"的想法。在无数次尝试跟他讲道理甚至打骂无果之后，我决定实施"渗透式教育"，让胖豆自己去体验、去感受"成人世界的不容易"，从而获得领悟。

比如我经常和胖豆互换身份，现在一到放假，我就让他当"一家之主"。

做饭和洗碗的活儿我都放心地让他去干。原来胖豆只会饭前喊饿，上桌后大口吃喝。自从他学会做饭后，每次稍微复杂的饭菜上桌，他都会说："谢谢妈妈，这么辛苦给我做好吃的。"因为洗、切、腌、炒的整套流程他都体验过，他知道做这一道菜背后有多不容易。

胖豆前几年的白校服，回到家后永远跟下过煤矿似的。但自从我不定期让他自己洗校服后，他的校服保持得可干净了。

胖豆觉得学习太辛苦，我就带他去新发地农贸市场，去城中村。当他看到什么是真的辛苦，就知道在能够学习的年纪好好学习是一件多么珍贵和幸福的事情。

胖豆沉迷游戏，我就带他去捡废品。当他放下脸面翻了一晚上垃圾桶，就卖了两元钱的时候，就知道大人世界的不易，懂得珍惜现在一分努力无限回报的学生时代。

我还经常和胖豆一起看纪录片，当看到贫困山区孩子们艰难的上学路，胖豆被深深震撼了：原来，有的人为了上学，要付出这么超乎想象的努力。

每一次体验过后，胖豆都会有所触动，而且会有特别明显的进步。

虽然他还是个孩子，但不代表他什么都不懂。体验过生存的艰辛，他开始懂得感恩，并且珍惜现在拥有的一切。

这世上哪有什么天生的"白眼狼"和"感恩娃"。所谓的"感恩娃"，不过是做父母的付出了更多的心思去引导，做孩子的也愿意用心去体会和感受。在这个过程中，他们学会了爱与被爱。

拒绝说教，更多地让孩子去体验、去感受、去换位思考，相信他们会更加珍惜现在，感恩他人。

1.3

养男孩的 16 字箴言：
合理规划、精准出击、温柔坚定、令行禁止

胖豆是最不听话的孩子，也是最听话的孩子。矛盾么？其实不矛盾。

胖豆打小就爱折腾，爱作妖，爱沉浸在自己的世界无法自拔……我跟他说的很多事情，他要么没带耳朵，要么用疑问句或反问句来回应我。

比如，我说："儿子，上课一定抄好笔记哟！"他就会反问我："如果我的注意力集中在认真抄笔记上，就会漏掉老师所讲的内容，这可怎么办？"这让我无言以对。但在很多人眼里，胖豆又是个很听话的孩子，学习、运动，都照章进行得很好。

这，是我们拉锯了几年之后出现的相对平衡状态。

胖豆上幼儿园和小学低年级时，是个几乎每天都要被老师"点拨"好几次的孩子。

他天生钝感，可我天生敏感啊，三天两头跟老师道歉，真是尴尬又伤心。我可能永远也忘不掉那个老师说的，"你这孩子，再不管，以后长大了，有你们哭的时候"。

胖豆小时候，我和胖豆爸的重心都在工作上，胖豆基本是由外婆和阿姨带大的，宠溺在所难免。等我们下定决心要"改造"他的时候，似乎已经"积重难返"。但我不信什么"天生熊孩子"的说法，他小时候我教育不够，现在出了问题我责无旁贷，必须亲自下场解决问题。

我的孩子我了解，虽然十分淘气，"过于"有主见，但他善良、正直、重感情。

我相信，只要我们一起努力，未来他不仅不会让我哭，还会让我笑。由于胖豆爸这几年常年出差，只能由我专攻带娃，业余工作。我反复试错——挫败的辛酸史就不赘述了——千番历"劫"，琢磨出16 字方针：

合理规划、精准出击、温柔坚定、令行禁止！

字不多，做起来不易，但做到了绝对见效！

战术上：合理规划，精准出击。

我发现，养育男孩，不能盲目行动，要有的放矢，既不贪多，也不求速成。

孩子的学习和生活，都要有明确的目标和合理的规划。通过培养良好的学习习惯，不断探索和实践好的学习方法，并在反思中不断调整与改进，我们最终能协助孩子找到最适合他的成长路径。

信息爆炸的时代，找到好的学习方法和减肥方法很容易，难的是甄别出最适合自己的方法，而不是一味照搬。

每个孩子都是独一无二的，同样，每个家庭的背景和所拥有的教育资源也不相同，这就导致每个孩子适用的学习方法自然也有所差异。

合理规划不难，难的是行动时精准出击，不贪多。

我在这一点上，是走了不少弯路的。因为被老师"点拨"太过频繁，我们迫切想让胖豆各方面进入正轨。我罗列了大量学习和生活中的"不可以"和"不允许"，每天跟在他后面碎碎念，不厌其烦。

刚开始，他还会配合说声"知道啦"，后来烦了，连回应都极其敷衍。结果可想而知：强势反弹，更不听话了！

我换位思考，反思了一下：如果我的老板在我工作的时候不停指手画脚，各种限制和否定，我会怎么样？就我这叛逆的性格，恐怕除了频繁翻白眼，锻炼眼底肌肉，并在心里默念一万个"我偏不"，很难产生什么积极的效果。

成年人尚且如此，何况大脑发育还不成熟的孩子呢？我，太过急功近利，以至于失了方寸。

心理学上还有个说法叫"恐惧导致掌控"。意思是你越恐惧，就越倾向于去掌控某种东西，以获得安全感。你的恐惧越强烈，你眼里孩子的问题就越多；当你觉得"百废待兴"，自然难免焦灼。

我在怕什么呢？是老师嫌弃的眼神，还是别人负面的评价？或是怕他来不及变好就长大了？我深知，他未来的人生并非由别人来定义，而是由他自己来书写；他不必急于活成"标准模板"里的样子。

是时候从过度担忧中抽离出来了。首先要改变的不是胖豆，而是我。

我开始接纳那些世俗定义的他的缺点、他的不完美。他不够好又怎样？我自己也顶多算个60分的妈妈，又何必强求他成为一个100分的完美孩子呢？我管得太多，他听都听不全，又何谈做到？于是，我开始审慎地思考，提高对他所提要求的质量。

他日常生活中90%以上的事情，我都不管。他想穿什么样的衣服，看什么样的书，扮什么样的鬼脸，说什么不着四六的话……我都会尊重他的天性和个性。

但在原则性的问题上，我会明确划定禁区，告诉他："这些雷区你不能踩，一旦过线，就会引发严重后果，你必须自己承担！"同时，我也会注意，禁区里的事情不能太多，要进行价值排序，不能同一时间段内什么都想要。

在给胖豆划定的禁区里，有三件事始终不能过线：诚实、安全、礼貌！胖豆胆子大，安全意识不强，所以注意安全这一点，他必须严格遵守！

关于诚实，我曾一度因为心急对他管教过于严苛，导致他试图用撒谎来逃避惩罚。后来我认真地告诉他："无论你未来变成什么样子，我都能接受，但我唯一不能接受的就是欺骗。因为诚实是做人之本，是你一生值得他人信任的基石。"

当然，你要求他做到不撒谎，就必须冷静地面对他承认的任何错误，不要发作。否则，你很难保证孩子每次都跟你说真话，因为趋利避害是人的本性。

礼貌，是让人喜欢，避免被人讨厌的重要前提，关乎他的人际和谐与快乐。我认为这很重要。

前两天，一位在两周前比赛时同行的妈妈加了我的微信，刻意夸了胖豆有礼貌。这让我很欣慰。我不在他身边，没人提醒，他依然可以做得很好。礼貌，已经成为他的习惯。

除了长期禁区不能多，阶段性的刚性要求，也不宜多！我想让胖豆养成的那些好习惯，都是逐一攻克的。同一时期，我通常只要求他专注于一个，至多不超过两个习惯的培养。

一个习惯基本养成后，我们在保持的同时再主攻下一个。保持容易，改变难，别强求孩子同一时间改掉太多坏习惯！

一定要留白，量力而行。即使"鸡"娃，也要给娃留出玩儿的时间，就像减肥要给自己一点甜的空间，才能抵御所要承担的那些痛苦。

执行上：温柔坚定，令行禁止。

养孩子这项事业，目标远大，但见效缓慢。追求速成往往只会适得其反，甚至误伤自己。

养育男孩，一定要耐得住寂寞。

学习、思考、吸收、沉淀，都是这一过程的必经之路。省略任何一步，结果就会大打折扣。因此，只要方向正确，就温柔坚定地努力前行，静待花开。

对于非原则性问题，我不会轻易禁止。但一旦禁止，就绝不允许讨价还价，关键时刻必须坚决。胖豆几乎所有的顽疾，都是这么咬牙"治好"的。孩子会不断试探你的底线，一旦发现某个要求可商量，可赖掉，你的指令就会失去效力。

胖豆小的时候，经常吃饭的时候离开餐桌，边吃边玩。外婆在旁边催他，他也不听。饭凉了，外婆虽然批评他，但还是会去热饭再给他吃。外婆很恼火，觉得这孩子太不听话了。

胖豆三岁多时，好好先生胖豆爸难得发了一次威。他神情坚定地跟胖豆说："从现在开始，儿子你记住了，以后，没有特殊情况，只要你离开餐桌，就表明你吃饱了，不会再吃了。"

胖豆点头如捣蒜，但扭头吃了一会儿又开始下桌溜达。胖豆爸当着胖豆的面，把他碗里的饭菜倒进了垃圾桶。胖豆哭着去扒拉垃圾桶："我的饭饭啊……"

胖豆爸也没有妥协，下午外婆几次起身想给胖豆做吃的，说他中午没吃饱，肯定饿，胖豆爸就是不让，直到晚饭开饭。从那以后，吃货胖豆吃饭时就专心吃饭，再也没下桌溜达过。

幼儿园时难得被老师表扬的，就是吃饭吃得好。

这个方法用在胖豆整理房间上，同样立竿见影。小时候，他的玩具、书都是乱拿乱放，我们让他收拾，他就磨磨蹭蹭不愿意动。直到有一次，我们给他计时，告诉他："10分钟后还在地板上的东西，我们就默认是你不要的，我们就要扔掉。"

那次被当面扔掉的是一个他非常喜欢的小机器人，他哭着求了我们10分钟。看着他哭得特别伤心的样子，我内心十分不忍，但还是咬牙扔掉了那个小机器人。之后，我们再要求他收拾房间，他都干得又快又好。

（扔完后，我们还是安慰了他，帮他平复了情绪，并告诉他，如果他学会珍惜，愿意为失去的小机器人而努力，我们就会把它"找"回来。后来，他靠自己的努力成功"找回了"小机器人。）

胖豆精力旺盛，总是不爱睡觉。我们要求他9点半必须睡觉，但这往往成了一纸空文。然而，自从我今年下定决心，正式把按点睡觉作为他的阶段必达要求后，他现在一到时间自己就掐着表上床睡觉了，而且坚持得非常好。

这些要求能执行下来有两个要点：

一是父母所提的要求要一致，不能爸爸让做这个，妈妈让做那个；

二是在管教拉锯战的时候，父母的态度要一致，不能一个往东，一个往西。

我和胖豆爸有一个共识，就是一方教育孩子时，另一方即使认为有所偏颇，也不能当孩子面拆台。现场拆台，会让孩子感觉更加分裂和委屈。我俩会在事后进行沟通，如果确实存在方式或态度上的问题，我们会再真诚地向胖豆道歉并与他沟通。

我一直跟胖豆说："爸爸妈妈也会犯错，但我们意识到错误就会改正，你也要这样。"所以他觉得很公平。

在态度上，我们要温和而坚定，坚守底线不退让；但在情绪上，我们要尽量克制自己，避免歇斯底里、气急败坏地与孩子对抗。

如果实在没控制住情绪，也不必过于自责，这也是人之常情。但事后，我们要真诚地为自己的"态度恶劣"向孩子道歉，并明确告诉他，我们生气的是事情本身，而不是他。要让孩子知道，无论何时，爸爸妈妈永远都爱他。

坚守底线的过程难免会伴随拉扯和冲突，要记得及时进行疏导，别让情绪过夜。

我是四川人，急脾气，经常会控制不住情绪，胖豆爸这方面做得比我好。我自己也意识到了这一点，所以近几年一有空就会学习情绪管理，努力修炼怎么跟孩子好好说话。

1.4

值得为孩子投资一生的两个好习惯：
阅读和运动

我始终坚信，阅读和运动是培育孩子核心素养不可或缺的两大途径。

作为家长，我们必须以身作则，陪伴孩子长期坚持，绝不能停！

1.4.1 为什么说阅读是学习之母

我不敢说所有文科成绩好的人都喜欢阅读课外书，但我敢肯定，那些阅读量大、喜欢品读经典好书的孩子，语文成绩即使不拔尖，也一定不会差。更重要的是，当他们成年后，无论是言谈举止、写作表达，还是在内心世界和社交互动中，都会展现他们的阅读素养和文化底蕴。

很多家长都表示，自家孩子读的书真不算少，但为什么没有反映在学习成绩上呢？

我个人认为，问题大概率出在"阅读虽多，但输出不够"上。

光"输入"，不"输出"，即使读上几百本，也很难将知识转化成优秀的能力！快速阅读对于大多数孩子来说并非难事，但想要有效地输出所读内容，却没那么容易。因为，有效输出的前提是对所读内容的理解，没有理解，就无法做到真正的输出。

事实上，无论是在语文、数学还是英语的学习中，我都始终贯穿阅读与输出并行的理念。

为什么我如此强调"输出"的重要性呢？因为有效输出是检验学习结果的重要标准。只有真正理解所学内容，才能进行有效的输出。那么作为家长，该如何帮助孩子坚持输出呢？可以采用以下方法。

· 孩子读任何书和绘本时，多引导他们思考，多问为什么。

· 年龄较小的孩子，可以在读完书后鼓励他们口头输出，比如复述故事。

· 从孩子中高年级开始，可以引导他们定期进行精读，教他们如何理解和分析文章。同时，可以让他们尝试画思维导图，多练习阅读理解题，从而学会灵活运用答题方法和套路。

· 多写！写作是最好的输出方式。建议从二年级开始就高度重视写作训练。仿写、造句，写日记、随笔、读后感等都是很好的练习方式。

写作本身就是一次深入思考的过程。大量的写作能够帮助我们逐步深化对所学知识的理解和运用，从而提升学习的效果。此外，如果不动笔练习，读再多的书也很难写出好文章。在看似会写和真的会写中间，差着十万八千里呢。

1.4.2 坚持户外运动，娃好，妈也好

运动不仅能使人身体健康、心情愉悦，还能促进大脑发育，提高专注力，是世界上最便宜的聪明药。阅读，是一个人的精神慢跑；运动，是一个人的生命阅读。这两者最大的挑战，都在于如何做到日复一日地坚持。

胖豆虽然胖，但他的运动量一直都不小。6岁以前，外婆每天都会带他出去活动，因为外婆自己也是一个不喜欢待在家里的人，下雪天或雾霾天也不例外。而6岁以后，胖豆的运动就全权由我负责了。

身边经常有家长问我，如何让孩子坚持运动。他们总说孩子不愿意配合，所以很难坚持下来。我的回答是，除了父母轮流陪伴并坚持鼓励孩子，没有其他更好的办法。不是什么方面都可以静待花开的，尤其是体育锻炼。我自己也没有捷径可走，用的是笨办法。

胖豆并不是一个会自觉起床去运动，让我安心睡觉的天使孩子。不管是跳绳、跑步、打羽毛球还是爬山，每一项运动都是我全程陪伴下来的，他做什么我就跟着做什么。

我从来都不是什么爱运动的元气妈妈，我也曾是爱窝在沙发里追

剧、刷小说的散漫女人。是因为胖豆，我才慢慢变成了一个超级自律且爱运动的妈妈。

我为什么花这么大的力气在户外运动上？因为我深切地体会到了运动带来的种种好处。与阅读一样，运动也是令人终身受益的，这无关什么功利的目标。

体育运动实际上练的是自律，是坚持，是意志。我们每一次的坚持不懈到最后都证明了一个道理：勤学苦练加上方法得当，运动"废材"也能有春天。

在运动的磨炼下，当胖豆再遇到难关，他就会鼓励自己，只要努力坚持，就能够做到。这种骨子里不惧困难的精神很重要。

胖豆是一个精力过度旺盛的孩子，极其好动。只有通过大量运动来消耗精力，他才能更好地静下心来。长期的运动会让人快乐，纾解积压的情绪。

在学习上，胖豆的压力并不算小，但他大多数时间都非常快乐。我觉得这与他长期坚持运动密不可分，这一点我深有体会。

我自己的工作压力也很大，每次焦虑失眠的时候，我就会加大运动量，暴汗之后真的会有一种酣畅淋漓的释放感。

1.5
如何做"保护孩子兴趣，
放大他优势"的火炬手

在这一点上，我可以坦诚地说，我从来没有把自己的兴趣强加给胖豆过，他从小到大上的所有兴趣班，都是他自己感兴趣的。

我没有因为自己当年想学钢琴但没有条件，就强迫孩子去学；也没有因为认为男孩适合学吉他，就让胖豆去尝试。他有权利选择自己所喜欢的。兴趣是一簇星火，能够点燃孩子内心的热情；也是他们最好的老师，助力他们事半功倍。

作为父母，我们要做的就是帮孩子找到属于他的星火，并在他们追求兴趣的过程中给予最大的支持与肯定。这样孩子的兴趣必然会呈燎原之势，助力他们更有力量地绽放生命力。

以胖豆为例，我可以明显看出他对数学领域更感兴趣，学习起来也更快。所以我给他准备了很多数学绘本和故事书，还经常陪他玩数学思维类游戏。

但在学龄前，我们并没有急于让他去做数学题。因为我们始终认为，在这个时期，学习具体的知识不重要，最大化地保护他对数学世界自由探索的好奇心，并在此过程中潜移默化地培养他的数学思维才最重要。

另外，有些孩子的兴趣可能并不被家长所接受，比如打游戏。然而，这一定意味着这种兴趣完全不可取吗？孩子的很多"缺点"，到底是不可饶恕的致命短板，还是裂痕里一束迷人的光，很多时候只在于家长一念之间的引导。

胖豆沉迷游戏的时候，我也抓狂过。但沉迷本身难道一定就是坏的吗？沉迷学习，沉迷研究，沉迷追逐梦想，都是好的，所以，他只是沉迷错了对象而已。

于是，我引导他换了个对象，引导他去"设计游戏"而不是"玩游戏"。然后，他开始从游戏中抽身，转而沉迷编程，还为此获得了不少全国性比赛的一等奖。

这件事给我的启发很大。我开始意识到，当孩子的兴趣和我们的期望发生冲突时，不妨先冷静下来想一想，换一种孩子能接受的方式来解决问题，结果可能会完全不一样。

我见过不少父母，孩子才上幼儿园，就要跟加减法较劲，天天练口算题。孩子做不好，他们就"痛心不已"，还不停地自问："我家孩子到底差哪儿了？"

对于这种情况，建议父母们暂且放下执着，试着换一种让孩子不难受的方法；否则，即使孩子勉强学会了加减法，也会因此失去对数学的兴趣和热情，那才真的得不偿失！

学习引导如此，行为教育也一样，利用兴趣效果会更好。当胖豆出现新问题时，我现在的做法都是让自己先冷静下来，然后尽量找一个他相对舒适且愿意配合的方式迂回前行。

当然，这个过程确实"费妈"，我付出的心力要多很多。但比起简单粗暴、依靠父母强权压制的方式，这种方式显然更容易让孩子打心底里认同，也更能避免亲子关系紧张。

1.6

真正智慧的父母，
"布局"到孩子长大之后

　　关于为什么要努力读书，胖豆上小学一年级时，我就问过他。他说："课本里写了，周爷爷说，为中华之崛起而读书！"我说："是的，这个理由很了不起，那你自己为什么要读书呢？"他想了想，没有回答，反问我和他爸爸当初为什么读书。我们相视一笑，也陷入了思考。关于这个问题，我跟胖豆爸聊过，我们的答案居然惊人地相似。

　　我来自四川偏远山区的小镇，而他则来自苏北最贫瘠的小村落。我们都曾有过简单却真切的心愿。

　　我讨厌多雨的季节，讨厌那种雨鞋里渗进水、袜子湿哒哒地贴在脚上的极度不适感，我想长大后能去一个不常下雨的地方。他讨厌光脚踩在泥里的黏腻感，想长大了远离泥泞，仅此而已。

正是这些微小的心愿，激励着我们好好学习，最终远离了我们最初不喜欢的环境。我们读书的初衷一点都不高尚，但却很真实。我们不会为了让胖豆读书而去编一个冠冕堂皇的理由。

跟"读书改变命运"的论调相比，我更愿意告诉胖豆："我们希望你努力读书，并不是期待你长大了一定要成为多么了不起的人物，有多么伟大的建树；我们只希望你一生健康、平安、快乐，能做自己真正喜欢的事情，做一个善良有爱的人，仅此而已。"

随着年龄的增长，我越来越意识到，能够做自己真正喜欢的事，能够随时对自己不喜欢的事物说"不"，那才是真正的奢侈。要实现这种奢侈，你得先拥有选择的权利。

我们和很多人一样，只是芸芸众生中再普通不过的一对父母，我们深知，自己只能陪孩子走一段路，往后余生，他终要靠他自己。

我们没有足够的资源和能力，能够保证胖豆一生无忧。因此，我们现在唯一能做的，就是在他懵懂的年纪，为他铺设一条通往强大的道路，让他在未来能够拥有更多的人生选择权。而读书，在我们目前的认知中，是实现这一目标的最好选择，我没有理由不向他推荐这条路。

前几年，见多了身边各色"牛娃"，我也曾短暂地焦虑过。但缓解容貌焦虑的办法不是把镜子拿走，而是要么让自己变美，要么让内心变强大！

胖豆这一代的孩子，生活在一个日新月异的时代，变革的步伐如此之快，谁也不知道下一个盲盒会带来什么。

越是风大的日子，越要扎稳马步！

我越来越不在意自己在别人眼里是个什么样的家长，因为没有那么多观众看我。然而，作为父母，我们却是孩子前半生最忠实的观众。孩子在舞台上如何展现自己，我们的支持和反馈至关重要。

我当年看《亮剑》的时候，对李云龙的一句台词印象深刻："宁愿在训练的时候多折几根肋骨，也比在战场上被敌人杀死强。"当然，学习不至于像断肋骨那般惨烈，但学习的辛苦却毋庸置疑。虽然嘴上都说着要让孩子从学习中找到乐趣，但我们都明白，学习没有捷径，就是需要持之以恒的努力和长途跋涉的毅力。

请珍惜孩子还是一张白纸的时期，珍惜他还有机会学习的阶段，用心陪伴他一起成长。教是为了不教，现在的不停，是为了以后的不赶。

提醒一点，每天坚持学习，不等于不休息。我跟胖豆约定，每周一到周五好好学习，周末两天就可以自由玩耍。他想玩什么，我们基本都会尊重他的意见。在这个过程中，我们也会时刻关注孩子的承受状况，一旦发现他真的累了，我们就会及时调整安排。

如何持续激发孩子的学习动力，同时确保他们能够享受到童年的快乐，避免过度压力和失衡，这才是对家长真正的考验。没有一种固定不变的方法可以适用于所有孩子，我们只能根据孩子的个性和成长阶段，灵活地调整教育策略。

张弛有度，方得善果。

第 **2** 章

合理规划篇
男孩成长的三个重要阶段

2.1

0 ~ 6 岁：珍惜你身边的黏人精，好教育奠定孩子一生的性格底色

这个时期的男孩，跟女孩的需求没什么区别。

他们享受当宝宝的感觉，以当"妈宝男"为荣，跟母亲之间有着特殊的亲密联结，更喜欢黏着妈妈，喜欢直抒爱意，也需要很多的爱和安全感。

这个时期，如果妈妈足够温柔，孩子将建立起一生的安全感，他的大脑会发展出亲密交流的能力，喜爱学习和互动。

虽说女孩通常比男孩更具语言天赋，但是如果男孩身边有很多人喜欢跟他说话，男孩的语言能力也会发展得很快，并且喜欢和人交往，最终成为一个"社牛"。

2.1.1　莫把知识当核心！快乐陪伴才是真爱主打歌

3岁以前，孩子学会多少知识不重要，心理成长和大脑发育才最重要。

我很佩服那些具有前瞻性的低龄孩子的妈妈，她们能够提前关注小学教育，这固然很好。但我也注意到，有些父母，孩子才刚上幼儿园，便开始觉得孩子哪哪都不足，我觉得这种担忧大可不必。

焦虑的父母养不出从容的孩子。

无论你做多么充足的准备，未来你和孩子都注定有各种"硬仗"要打，因为孩子的成长充满变化，没有什么万全之策能够应对所有的情况。

不用着急，慢慢来。在学前阶段，陪伴成长才是主旋律。尽情享受最美好的亲子时光吧。毕竟，孩子最无忧无虑的时光也就这几年。

有人可能会问："胖豆妈，你这是在让我们在这个阶段躺平吗？"那肯定没有，我的字典里没有"躺平"二字，劝人躺平，更是万万不可能。

我反对的是学前过度灌输学科知识，是那些恨不得让孩子在幼儿园就把小学三四年级的内容提前学完的教育理念。

我同样也反对学前完全躺平式的放养，让孩子在没有任何准备的情况下进入小学。

在我看来，我们应该尊重孩子的发展规律，顺势而为地进行科学、适度的早期启蒙教育。在注重质量的同时，不盲目跟风，而是根据孩子的兴趣和特点因材施教。

那么，学龄前，我们最应该陪孩子做点什么呢？

2.1.2 "鸡"娃前先"鸡"自己，才能让男孩心服口服

这一阶段，爸爸妈妈是孩子心里的光，他们喜欢观察模仿爸爸妈妈的言行。

比起单纯告诉孩子怎么做，不如直接做给他看。多年来，我一直乘地铁上下班，观察过很多母子的互动。妈妈手里拿着书在看的，孩子多半也在旁边看书；妈妈玩手机的，孩子多半也凑在旁边看屏幕，即便妈妈反复阻止也无济于事。

人类学习的主要途径之一就是模仿，而孩子则是天生的模仿高手。因此，不仅父母的好习惯会被发扬光大，坏习惯也可能被复制。

经常爱看书的父母，根本不需要苦口婆心地劝孩子看书，因为孩子早已在模仿中学会了这一行为。孩子哪怕早期不识字，也会模仿大人的样子，装模作样地拿着书翻阅。这时候，父母唯一需要做的，就是找到适合孩子的书，轻轻递到他手里。

2.1.3 好习惯、专注力，外加守规矩，千万不能小看的"王炸组合"

6 岁以前都要培养孩子的哪些习惯？

首先是规律的作息习惯。6岁以前是培养孩子规律作息的最佳时期。现在晚睡晚起成了多少孩子的通病？有多少父母的耐心在孩子的赖床中灰飞烟灭，最后演变为河东狮吼？

规律作息对成年人来说都十分困难，更别提孩子了，所以千万不要错过这个培养孩子作息习惯的关键期。规律作息是自律生活的基石，做好这一点，孩子的生活将自然而然地有序起来。

其次是专注力。注意力不集中，学习难搞好。但孩子的专注力并非天生，而是需要后天培养的。

培养孩子的专注力，应该在学龄前就开始着手，尤其要强调"专时专用"。具体而言，每天至少要给孩子40分钟以上的安静独立空间，让他能够专注于自己的事情。在这段时间内，孩子应该全神贯注地做一件事，避免分心。比如，不要让孩子一边看电视，一边玩玩具；或者一边看书，一边吃东西。

3岁左右，男孩会迎来他的第一个叛逆期。受体内睾丸素的影响，很多男孩都被称为"破坏大王""猫嫌狗不待见"。

3~6岁，是孩子可塑性最强的时候，是性格和习惯形成的关键期。

对于男孩来说，6岁前是立规矩的最佳时机，此时遭遇的阻力最小，效果也最为显著。

这方面，我们家是走过弯路的，胖豆在6岁前，基本上属于放养状态，我们的教育原则就是"他开心就好"。结果就是，从幼小衔接到小学头三年，我们接到的学校投诉数不胜数，我们费了九牛二虎之力才将胖豆拉回"正轨"。

2.1.4　激发好奇心和探索欲，给孩子装上"隐形的翅膀"

好奇心是儿童学习的重要动力源，也是他们能否深入学习和思考，最终成为创造型人才的关键因素。

第一架飞机的发明者，莱特兄弟，他们的创新之旅就是从对飞行的好奇心开始的。他们看到爸爸送给他们的会飞的玩具，就好奇东西为什么能飞起来。然后，他们不断仿造出能飞得更高、更远的玩具。他们还突发奇想，想象人能不能也飞上天，并为此不断努力尝试，终于成功制造出了第一架飞机，实现了人类飞翔的梦想。

孩子天生都具有好奇心，只是很多孩子的好奇心和想象力在成长过程中被父母无意间扼杀了。

比如，胖豆小时候曾说："生气的云朵会下雨。"外婆当时就反驳道："瞎说，云朵怎么可能会生气。"我赶紧夸赞了他，要知道只有孩子才能脱口而出这么有诗意的句子啊，这是多么难得的想象！

我后来跟外婆达成共识，不管胖豆说什么"怪话"，只要不是脏话，都尽量不去否定他。我和胖豆爸还会耐心回答他提出的各种奇妙问题。更多的时候，我们提供的都是开放式的答案，好让他有更多的思考空间。

同时，我们也要正确对待孩子把玩具拆开等"破坏研究行为"，不要过于苛责，以免抑制孩子的探索欲。我们应该允许孩子尽情地玩要，因为玩耍本身就是一种充满变化、需要探索并不断解决问题的活动，有助于他们活跃思维。会玩的孩子往往思维很活跃，也更快乐，所以我们不要把玩耍当成学习的天敌。

面对让人挠头的作文和数学题，一旦孩子插上想象力的翅膀，问题就能迎刃而解。所以，我们一定要像保护眼睛一样保护孩子的好奇心和想象力，让它们成为孩子成长道路上最宝贵的财富。

2.1.5　为什么想让孩子学起来，必须得先"动"起来

我始终觉得，任何高效学习的基石都在于良好的体力。即便是脑力工作，也极其消耗我们的体力。因此，无论是大脑还是身体，要想长时间高效工作，都必须有坚实的体力为基础。多锻炼，这本身就是对效率的投资。

而且我早就发现，当胖豆身体犯懒、不想动的时候，他在学习上也往往变得敷衍了事、缺乏积极性。我们自己可能也会有同感：当身体感到疲惫，就很难对工作保持热情。

长期坚持大量运动的孩子，往往更乐观，更不容易积压负面情绪。运动使人快乐，这一点对成年人同样有效。学龄前，坚持让孩子练练跑步、跳绳，将会使他们受益无穷。

另外，对视力的保护也很重要。学习和视力往往不能兼得，当胖豆的远视储备逐渐消耗殆尽时，我虽然尝试了各种补救措施，但还是为时已晚。护眼仪、护眼糖之类的产品我们都尝试过，但效果却不尽

如人意。其实最简单有效的方法医生说得很明白：少用电子设备，增加户外运动的时间，每天至少 2 小时。

2.1.6 正确的学科启蒙路径，不绕弯路的那种

数学学习深受孩子年龄阶段的影响，除了少数天赋很高的孩子，大多数孩子不太可能超前学习太多，这是由数学的学科特点和儿童思维发展水平共同决定的。

但语文和英语这两门语言学科就不一样了，语言的学习越早开始越好。这一点我们深有体会。我们很少见到哪个小学生的数学可以达到高考水平，但在英语方面却大有人在。

语文是最需要积累的学科，其积累过程绝非一蹴而就。几年和十几年的积累不可同日而语，但正是因为语文可以早积累、早受益，让孩子在年幼时就开始注重语文的学习至关重要。

大量研究表明，孩子早期的语言技能（如字母识别能力和语音敏感性）越好，后期的学术能力越高。

著名的语言学家埃里克·勒纳伯格在 1967 年提出了"语言关键期"假说，认为 3 ~ 7 岁是语言的最佳学习期，七八岁后语言习得能力就会走下坡路。

所以，语文、英语应该是这个阶段学习的重点。（关于这个阶段语数英学习的要点，见随书附赠的电子文档，扫描封底二维码即可领取。）

2.2

6 ~ 12岁:
与父母的极限拉扯中,男子汉就这样长大了

这一阶段,男孩不再像过去那样只黏着妈妈,尽管仍然依赖妈妈,但与爸爸的互动开始多了起来。他们开始更加关注男性角色所带来的独特影响,甚至会主动学习和模仿爸爸的行为。

所以,在这个阶段,爸爸的影响力开始显著增强。无论工作有多忙,爸爸们都应抽出时间多陪陪儿子,比如和他们一起打球、搭建模型、做实验,或是一起去游乐场。

与此同时,胖豆在这个阶段似乎突然对女孩失去了兴趣,在学校更倾向于与男生互动。男孩基本上都是和男孩一起玩,和女孩们的社交界限开始变得异常清晰。

据他所说,谁要是表现得跟女生过于亲近,就很容易遭到同伴们的嘲笑。

2.2.1 快看，有人在强装"男子汉"

他们开始积极争取自己的权益。无论是高铁票还是电影票，都据理力争，不愿再被视作"免票对象"，哪怕他们的身高还没有达到标准，也不愿仅仅作为"附属品"出现。

他们甚至幻想一夜长大，期待长出胡子来。他们开始崇拜警察、超人等男性英雄，喜欢尝试危险的游戏，舞枪弄棒，不时制造些小麻烦和噪声，试图证明自己与女生格外不同。

请告诉男孩，真正的男子汉应该要有责任感，有担当精神。

这个阶段的小男孩精力旺盛，浑身的劲儿无处使，所以一定要舍得"使唤"他！

我从胖豆二年级开始，就教他做饭。我告诉他："妈妈忙的时候，你就是家里的顶梁柱，要负责喂饱妈妈。"

胖豆是个小吃货，吃一道菜只需要几分钟。这个过程，他享受的是美食。但他做这道菜可能要花费一个多小时，洗菜、切菜、腌制、翻炒……整套流程下来，他享受的是付出的价值，并懂得了感恩的意义。

他会边做菜边由衷地感慨："妈妈，你给我们做一顿好吃的真的不容易，不但麻烦还有危险，你看，油都溅到我脸上了。"

这个阶段的男孩，为了彰显自己的男子气概，经常会出口伤人，但其实他们并没有恶意，只是不擅长表达自己的情感。面对喜欢的女

孩时，他们不是温柔地照顾对方，反而会通过"整蛊"来刷存在感。

作为家长，我们要引导孩子学会正确表达内心的真实想法，让他们在学会说真话的同时，也注意不要伤害到别人。

这一时期，男孩的情感和思维发生了很大变化。

男孩的睾丸素分泌量是女孩的 15 倍之多，但令人情绪平稳的血清素，男孩体内却比女孩低很多。这使得他们更容易冲动、易怒、爱冒险，更具攻击性和破坏性。但其实，他们的内心也很敏感，渴望得到他人的认同，很容易否定自己，会经常问自己："我是不是一无是处，只会给爸爸妈妈、老师惹麻烦？那个同学老针对我，他是不是讨厌我？"

在这一阶段，我们要多看见男孩们的情绪，多创造机会让他们体验成功。我们可以多安排一些他们力所能及的任务，并在他们完成后及时给予表扬和奖励，从而帮助他们保持自信阳光的心态。

这一时期，男孩的竞争意识开始增强。

六岁以后，男孩开始展现出明显的攀比心理，"我想赢"的心态处处可见。他们不再满足于漫无目的地玩耍，而是想做更多具有挑战性的事情，希望证明自己比别人优秀。

作为父母，我们要趁机鼓励男孩积极进取，但同时也要明确告诉他们，想赢就要靠自己的努力和实力去争取，绝不能依靠耍赖或暴力等不正当手段。

父母需要花费更多的时间和精力，帮助孩子做好规划，并提供必要的监督和指导。这样，孩子才能在渴望学习的技能上取得进步。同时，我们还要教会孩子如何坦然面对失败。要告诉孩子，失败并不可怕，重要的是要从失败中吸取教训，不断取得进步。这才是战胜失败的法宝。

2.2.2　切身经验，父母一定要边"管"边"撤"

小学阶段的男孩，需要我们的精心规划和悉心引导，但随着他们逐渐长大，步入高年级，我们必须学会逐步放手。男孩大多自控力弱一些，成熟得晚一些，所以该管的时候还得管。过早放手，可能会导致他们缺乏规矩意识和良好的习惯，与女孩相比更容易任性和失控。这几年，在与多位清华和北大学霸的妈妈的交流中，我刻意谈到孩子自驱力的问题。每次交流，我都会问同一个问题："学霸也需要管吗？什么时候可以放手？"

有意思的是，女孩的家长大多回答"不用大管"，而男孩家长几乎都是斩钉截铁地说"必须管"！

我记得其中一个北大学霸的妈妈讲到，她家老大上初三时，还曾一度沉迷于网络游戏，她那会儿经常半夜起来查岗，真抓到好几次孩子在被窝里玩游戏。

后来，她干脆采取了物理隔绝措施，限制孩子使用手机的时间和方式。孩子查资料要用手机，就统一在规定时间内，其余时候就把手机交出来锁上。

她强调，涉及"上瘾"的问题，家长一定要果断出手，不能以尊重、照顾孩子感受为由，任由游戏麻痹孩子。

在管束的同时，这位妈妈也提到了自由的重要性。她认为，无论孩子处在哪个学习阶段，都要给孩子一定的自由空间；孩子越大，自由空间越大。在非原则性问题上，一定要允许孩子在学习之外，有做自己喜欢之事的自由。

她举例说，她家老大小时候喜欢拆卸家里的各种东西，她和丈夫从未因此责骂过孩子，反而觉得这是孩子探索欲望的表现，应该予以保护和支持。这一点让我自愧不如——我经常因为胖豆"作妖"弄坏东西而心疼不已，呲他几句。经过反思，从那以后，我就大方多了。

有个育儿理念我理性上深度认同，但感性上却很难做到：作为妈妈，最大的成功就是让孩子能够成功地离开我们！离开我们的牵引，独立地走向自己的世界，成就他自己的人生，而不是由妈妈引领的人生。

过去的这些年里，我经常会不经意间陷入世俗规则里，在意别人的评价和所谓的"好孩子标准"，生怕胖豆偏离了轨道，总是习惯性地在每一个路口为他贴满指示牌和警示牌。

他在我规划好的路上看似走得很顺利，但实际上他内心可能并不快乐。他时不时地会进行反抗和斗争，总想另辟蹊径，但总会被我以"安全"为由，原路劝退。

但是，我真的能确定，我引领的路就是最适合他的吗？如果是，那为什么我和胖豆爸都没有成为儿时羡慕的那种人呢？反而人到中年，各种身不由己。那么，我又凭什么去框定胖豆的人生和未来呢？

我知道这些年里，我替胖豆做的很多选择并不是他内心最想要的，但我总是在"我是为他好"的框架里纠结和继续着。

然而我现在明白了：我替他解决的问题越多，他不会处理的事情就越多；我替他思考得越多，他考虑得就越少；我替他做的选择越多，他的主见就会越弱；我对他生活的参与程度越高，他的自我腾挪空间就越小，他要学会独立就越难。

这是一个此消彼长的过程。

作为家长，我们学不会退出，孩子就永远学不会独立飞翔，也享受不到心随所动、肆意驰骋的快乐。

2.2.3　深度抓学习的"最后一次机会"，谁也不想错过吧

如果孩子在 6 ~ 12 岁这个关键阶段，能够养成良好的学习习惯，打好主要学科的学习基础，那么他们进入初高中后，就能更加顺利地应对学业挑战。

说句心里话，小学阶段，孩子相对容易配合和教育，作为家长，我们要努力帮助他们培养良好的学习习惯，掌握有效的学习方法。

如果小学学得不扎实，想等上中学后再逆袭，那就得先看看他们能不能顺利度过青春期的挑战了——千万别忽视青春期的内耗对学习的负面影响。

如果小学阶段，语数英三门主科的基础打得好，那么即使青春期

遇到一些波折，他们也有一定的容错期。为什么人们总说初二是个大的分水岭，很多孩子成绩一落千丈，大概率是受学习难度上升＋科目增多＋青春期的影响吧。

1～2年级：守规矩、守时间

这个阶段，孩子们刚刚告别幼儿园无拘无束的玩耍，还不知道真正的校园规矩是怎么回事。他们可能会在课堂上随意说话，打闹嬉戏，坐姿随意不端正，甚至课后不按要求完成作业。

作为家长，我们一定要把这些坏习惯扼杀在摇篮里。这时候的错误行为还未根深蒂固，纠错相对容易；否则一旦拖成"顽疾"，即使花费九牛二虎之力，也未必收到理想的效果。

这是我用几年血泪史换来的经验教训，对于有低龄孩子的家庭来说，这是一份极为重要的忠告。孩子良好学习习惯的养成，比单纯追求知识的学习和成绩的提升更加重要。

一定要引导孩子养成一些基本的学习习惯，如认真听讲、按时完成作业、保证正确的阅读和书写坐姿，以及晨读的习惯等。

培养孩子良好的生活习惯也很重要，孩子早养成早受益，这包括早睡早起、每晚准备好第二天的学习用品、自主收拾书包等。

如果我们能够在这个阶段，成功帮助孩子养成这些习惯，那么在小学、初中、高中乃至更远的人生道路上，我们和孩子都会受益良多，真正实现"母慈子孝"。相反，如果忽视了这个阶段的习惯培养，接下来的几年，你可能会在鸡飞狗跳中意识到：现代女性快速衰老、失去活力的罪魁祸首，绝不是熬夜、缺水、不运动那么简单……

3～4年级：独立、高效

八九岁的孩子将迎来他们的第一波叛逆期，开始不愿意完全服从家长的安排。这个阶段也是学习生涯的一个重要分水岭，因为相较于一二年级，学习难度有所增加。有的孩子可能一时难以适应，学习上出现明显的滑坡和掉队现象。

但如果能够顺利度过这一阶段，反而会是培养他们独立学习和勇闯难关的最好时机。正好可以趁他们渴望独立，积极鼓励他们自主完成力所能及的事情，养成独立学习的好习惯。

在这个阶段，重点要培养的习惯是"高效"，务必重视培养他们的时间观念。可以制订作业计划，规划完成时间，让孩子学会在有限时间内完成任务。

此外，在日常生活中，也可以鼓励孩子自主安排时间，比如超市采购安排、旅行日程安排等，都可以让他们试着去做。他们会很享受"当家作主"的感觉。

有些家长会说，如果孩子在一二年级养成了一些坏习惯，延续到这个阶段怎么办？别慌！但也没有什么捷径，只能"费妈"了，一个一个地纠正。

重要的是，不要反复强化孩子的坏习惯标签，比如在他写作业时总叨叨他："你这个磨蹭鬼！"相反，我们可以与孩子约定，在接下来的21天，我们争当"作业闪电侠"。

为什么是 21 天？根据行为心理学的理论，一个人的动作或想法如果重复 21 天，就有可能形成习惯。如果孩子能够连续坚持一个好习惯 21 天，那么这个好习惯就有可能真正属于他了！

等孩子成功养成好习惯，记得给他们一个仪式感十足的奖励，及时给予正向反馈，庆祝他学会了这个新的技能！

5 ~ 6 年级：总结归纳、爱沟通

五六年级的孩子正站在小升初的关键节点，进入了复习、总结和反复练习的阶段。随着学习范围的扩大和难度的逐步加深，学习中遇到的难点和易错点开始多了起来。

在这一阶段，孩子们需要养成及时总结归纳、自主纠错的好习惯，比如主动在试卷上添加分析批注，建立自己专属的错题本，以更好地吸收和巩固知识。同时，刻意培养孩子合作学习的习惯也至关重要。通过和同学一起讨论文章、交流思路和想法，孩子们能够相互学习、共同进步。

尤其是到了六年级，面对升学的压力，孩子可能会产生紧张和畏难的情绪。这时，他们需要学会向人倾诉，以缓解内心的压力。养成和父母谈心的习惯也很重要，平常多和父母谈心，对于纾解负面情绪有很好的帮助。

总之，这个阶段最重要的是以积极乐观的心态面对学习和生活，为即将到来的初中生活做好身心准备。

2.3

13 岁以后：
不打扰，是父母最大的温柔

很多像我一样，家有步入青春期的男孩的妈妈，都有过这样的切身体会：一旦男孩进入青春期，之前的教育方法，似乎一夜之间统统不管用了。

甭管之前孩子有多么听话懂事，或是天真烂漫，突然就像变了个人似的，成了一个易燃易炸的火药包，一言不合就顶撞父母，大吼大叫，甚至拒绝沟通。

胖豆从六年级下学期开始，情绪就变得阴晴不定。当我和胖豆爸尝试给他提一些建议时，他经常直截了当地拒绝我们："我不要！"

他不断在我崩溃的边缘来回试探，生活中充满了微妙的对抗和紧张的拉锯战。

每次在我炸毛的前一秒，他都会紧急刹车，然后装出一副无辜的样子说："妈妈，我知道我的青春期症状又严重了，我会控制自己的，你别生气。"我也总是故作淡定地说："没关系，只要你一直作下去，没有什么关系是搞不坏的。"

在这一年里，我和他之间发生了两次严重的冲突，这深深触动了我。但也正是这两次冲突，让我对青春期有了更加清晰的感知。

一次是，去年元宵节晚上，舅舅一家在我家吃完团圆饭便离开了。他们走后，胖豆爸立马给胖豆的爷爷奶奶打电话送去问候。当爷爷询问胖豆当天吃了什么好吃的时，胖豆爸表示稍后会给他们发照片。然而，爷爷却说道："不用了，胖豆已经在朋友圈发了照片了。"爸爸随即拿起手机，刷了一下朋友圈说："嘿，他还挺早。"我几乎是下意识地打开胖豆的朋友圈，结果看到的是一条长长的横线。

我被胖豆屏蔽了。那一刻，作为母亲，我的内心受到了极大的冲击，愤怒、委屈和难以置信交织在一起，让我感受到了切切实实的心痛。我一直认为我和胖豆之间的亲子关系坚不可摧，我以为我们之间无话不谈，早已亲密无间。

那一瞬间，我这几年来所有的自信和笃定，都被那条细细的却极其刺眼的横线击碎了。它仿佛一道分割线，切割了我们的亲密无间。我陷入了一种前所未有的悲伤和孤独中：我儿子身边所有人，只有我，走不进他的朋友圈了。

我冷静了片刻，控制住自己的悲伤，决定与胖豆沟通，了解他屏蔽我的原因。

　　原来，元旦那天，他发了一条朋友圈，内容大概是这样的：

　　"×××被苦力怕炸死了，×××被末影龙使用的魔法杀死了，×××在墙里窒息而亡，×××试图在岩浆里游泳，×××被溺尸刺穿了，×××被甜浆果扎死了，他们全军覆没，哈哈哈哈……"其中的×××都是他同学的名字。

　　我当时看到这条朋友圈，随口说了一句："大新年的，你发的这些东西也太不吉利了，这个死，那个死的，看着就让人觉得晦气。"

　　他不服气，觉得自己就是发着好玩，同学们也都没生气，还给他发了类似的消息，于是就屏蔽了我，省得我干涉他的朋友圈自由。

　　听完他的话，我突然回想起自己初中时，也曾买过一个带锁的日记本。那应该也是对父母的一种"屏蔽"吧，只是形式不同而已。我当时到底不想让我妈知道什么事呢？我努力回想，却怎么都想不起来，可能只是一些年少懵懂的情愫？或是难以言表的心情？但可以肯定的是，肯定没啥大事。因为但凡印象深刻的事，不至于一点儿都不记得。

　　那么，我当时为什么要"屏蔽"妈妈，不想让她知道那些事情呢？是因为我对她心生隔阂、防备，还是不信赖、不爱她了呢？显然不是。虽然小时候我没少被她揍，但我一直很钦佩她，也一直很爱她，直到现在也是如此。

朋友圈和日记本的屏蔽形式虽然不同，但它们都体现了孩子对独立性的需求，属于成长性屏蔽。孩子们虽然还没成年，但已经开始形成自己的三观，有了自己的秘密和主见。他们需要自己的空间，渴望自由。

或许，我们每一位父母最终都会被孩子以某种方式"屏蔽"，不是在朋友圈、日记本，就是在其他地方，特别是在他们的心里。

孩子日渐长大的过程，也是跟父母逐渐分离的过程，这一点我一直都知道。然而，当"明显的分离标志事件"突然到来时，我还是感到难以接受。我还没做好心理准备，他却已经开始与我渐行渐远。在我还没有意识到的时候，他已经悄然长大……

还有一次是，去年，有两次研修课选择的机会。我问他想选什么，他回答说生物必须得选，因为学校有要求，另外一门他想选桥牌研修。

我建议他考虑数学研修，因为物理和信息学都与数学高度相关，尤其是他还想参加信息学竞赛，数学能力将是他能走多远的关键因素。

他好像听进去了我的建议，但坚持如果研修课不选桥牌，就选修课选桥牌，并且他明显不高兴了，刻意一字一顿地大声强调："妈妈，这是我的研修课，不是你的进修班。你没有权力干涉我的选课自由！"他以前从未如此坚定地表达过自己的立场。过去，即使他不接受我们的建议，也会敷衍了事，从来没有如此强硬地拒绝过我们。他开始有了自己的三观、判断和主见，开始越来越多地强调自己的空间和选择权。

显然，小学阶段那种简单粗暴、强制安排的方式已经行不通了。现在，我们需要更多地通过商量来解决问题，遇到较大的分歧时，各退一步、寻求折中方案已经成了主旋律。

青春期的男孩，性格中既有横冲直撞的倔强，又带着些奇奇怪怪的傲娇与敏感，他们格外在意外界对自己的评价。

我有个朋友是重点中学的老师，她的儿子刚上初一，自然而然地去了她所在的学校。但开学后不久，母子之间就爆发了一场大冲突。儿子情绪激动地跟她大吵大闹，说有同学知道他是教师子女了，而他根本不想让同学知道这一点，因为他不想被认为是靠妈妈的关系才进入这所学校的。他觉得自己本身就很优秀。

朋友觉得很委屈，因为她从没有主动跟别人说过这件事，而且她也不教儿子所在的年级。但现实是，这本就不是什么秘密，总会有人知道，这是迟早的事。她感觉自己被儿子嫌弃了，儿子恨不得跟她划清界限。这让她难受憋屈了好几天了。

我劝她从积极的角度来看这件事：孩子想要独立，想要靠自己，这是值得鼓励的。这总比那些狐假虎威、狂妄自大的人要好。我告诉她："你儿子并不是嫌弃你，想跟你做切割，他只是渴望长大，急于证明自己的优秀和价值。"

做青春期男孩的父母，是一项巨大的挑战。这需要我们保持开放的心态，接纳孩子的变化，同时也改变自己。只有这样，我们才能更好地陪伴孩子平稳度过青春期。

上学期我们去学校开家长会，老师说了两句话，让我深受触动。

第一句话是：一流学生的一个显著共性是，他们几乎没有任何内耗。

这让我和胖豆爸开始反思，这两年，由于工作繁忙，我们对胖豆的耐心不如从前，经常不经意间就会流露出我们的烦躁。我们意识到，当孩子要花费大量心思去察言观色、应对家长突如其来的"管教"，甚至想方设法从家长手里拿到手机，争取自由时间时，他们在学习上的精力无疑会被分散和消耗。

当孩子的身体、情绪、亲子关系、朋友、同学关系和师生关系都处于正向循环时，他们的学习状态自然就会达到最佳。相反，如果这些关系陷入恶性循环，孩子就会持续内耗，难以全身心投入学习。这种内耗不仅影响孩子的学习成绩，还会进一步加剧家长和孩子的焦虑和压力，形成恶性循环。

第二句话是：青春期是孩子留给家长最后的机会。

那么，青春期留给家长的最后机会是什么？是调整和教育。

对于那些在童年时期没有得到足够的关爱和引导、表现欠佳的孩子来说，青春期是一个宝贵的弥补阶段。在这个阶段，如果父母能够补足引导与关爱，孩子身上的大部分问题都有可能得到解决。反之，则有可能会影响孩子的一生，使其难以获得健康、幸福和快乐。

说实话，面对青春期的课题，我心里是有一定压力的。虽然我曾自认为这些年与胖豆的亲子关系还算不错，但这一年多来发生的一些"意外情况"，让我不得不高度重视，并从零开始学习青春期的相关知识。

经历了从难以接受到现在的逐步理解，我明白了孩子在青春期出现的种种问题或逆反行为，并不是因为他们想要远离或对抗我们。相反，这是孩子在通过这些反常信号向我们求救，他们期待与我们建立更平等、更友好的相处方式，而非仅仅是我们给出指示、他们去执行的模式。

青春期是孩子性格变化最为剧烈、问题表现最为集中的时期。在睾丸激素的作用下，男孩的第二性征日益明显，这同时影响着他们的情绪和行为方式。

由于男孩们难以在短时间内适应体内激素的剧烈变化，他们的心理发展往往落后于身体的发展变化，导致他们的内心充满矛盾和冲突。这种身心的不协调使得他们表现出明显的叛逆行为，情绪变得焦躁冲动，喜怒无常。

此外，他们开始发展抽象思维能力，对世界进行更深入的探索和批判，喜欢分析和吐槽身边的人和事。当他们发现现实生活中的很多事情不如他们所愿时，便会感到失望和愤怒。据说，这种状态甚至会一直持续到高中毕业。与此同时，沉迷游戏和小说、厌学和早恋都是比较普遍的现象。而这类现象的出现，往往反映了家庭教育与相处方式中所存在的问题。

在过去的一年多里，我一有空就在研究青春期相关的课题。以下是我目前吸收的核心认知。

- 青春期，对于非原则性问题，父母一定要学会闭嘴，适当放手，让孩子去体验，并重新定义自己的"边界"。如果孩子经常听不进父母的话，可以在确保安全的前提下，让他们尝试一下自己的方式，或许这样他们才能真正意识到问题并回头。

- 青春期，父母一定要学会示弱，学会"以柔克刚"，并牢记盛怒之下不管教孩子。青春期孩子的"无名火"，父母是掐不灭的，它只会在父母的耐心陪伴中自己消散。

- 青春期，父母一定要学会倾听男孩的心声，与他们共情，并多与他们协商。尽量少讲大道理，多用数据、事实和故事来说话。

- 青春期，一定要把男孩"赶出去"，让他们动起来！青春期男孩身体快速发育，精力极其旺盛，很多男孩因此变得躁动不安。在这个阶段，他们需要大量的体育运动来释放能量，如篮球、足球、骑车等。我们应该多鼓励孩子与同学们一起进行体育运动，以帮助他们把因激素变化而引起的躁动不安释放出去。

- 青春期，爸爸多上，妈妈多退！妈妈应学会适当示弱并退后一步，让男孩有更多的自由去飞翔。然而，毕竟这一时期的男孩还没有真正成熟，仍然需要家长的引导。在必要的时候，爸爸要下场承担起引导的责任，因为此时男孩更容易与爸爸产生共同的爱好和心理认同，从而更容易进行沟通。

2.4

孩子上中学前没人告诉你的那些"大"事，
早知道早受益

胖豆刚刚步入中学一年，还没有完整经历过青春期和中学生活的种种挑战。就我们目前的体验而言，初中和小学真的太不一样了！

初中不是小学的简单延续，而是一次全面的系统大升级，有些转变甚至是翻天覆地的。如果孩子不能快速适应这一新环境，很可能会陷入混乱和迷茫，打家长一个措手不及。

接下来，我要跟大家分享几个进入初中后最显著的变化，再看看在小学阶段，我们需要做好哪些相应的准备。

2.4.1 学习强度和难度明显加大，怎么才能不慌不怕

进入初中后，学习方面最明显的变化有三点：首先，作业量显著增加；其次，考试和课后练习的卷子变多；最后，学习难度明显提升。这些特点不仅存在于顶尖中学，普通学校也面临同样情况。胖豆在海淀头部中学就读，这种变化更加明显。身处优秀同学云集的环境，学习压力自然更大。不仅老师讲课进度快，平时的练习和小测验节奏也安排得很紧凑，一天一小考、几天一大考已成为常态。

胖豆的小学班主任早就提醒我们，说初一的语文试卷跟小学的完全不在一个层次，因此不能只满足于小学的高分。

胖豆自己也深刻地感受到，初中老师的讲课方式、课后留的作业题，还有试卷上的题目都与小学完全不同：课上鼓励孩子们互相讨论，各抒己见；课后作业以开放思考型作文和读后感为主；考试则基本不再是机械的基础题，取而代之的是需要深入思考的活学活用型题目。

针对这些变化，我建议在小学阶段做好以下准备。

- 首先，提高做题速度、计算速度和写字速度，确保不要将这些基础的问题遗留到初中，以便更好地适应初中的学习节奏。

- 其次，在五六年级，一定要高度重视思辨能力的培养，抛弃机械刷题和死记答案的做题方法。

- 最后，着重提高孩子的学习效率。因为初中后科目增多、作业量增大，如果拖拉完不成，势必会影响休息。

2.4.2　陪娃的终极是"不陪"，是时候让孩子自主学习还能有好成绩了

我早就知道自主学习的重要性，但由于胖豆不是自驱型的孩子，我一直做不到完全放手。然而，初中的教学模式发生了翻天覆地的变化，这突如其来的转变让我和胖豆都感到极度不适应。

举个例子，胖豆上小学时，老师每天都会要求孩子们在生字本上练习生词，并会进行批改，直到大家都掌握。但进入初中后，老师只发给每个孩子一张很大的词表，让他们课后自主学习，却没有任何作业。然后，在阶段性测试中，直接考查这些词。

胖豆第一次考试的字词部分考得非常差，他还相当委屈，觉得老师没让写也没让交作业，还没复习呢怎么突然就考试了。

这种转变让我意识到，如果孩子还停留在老师让交什么就写什么、学什么的阶段，不主动去学习，那么他们之间的学习差距很快就会拉大。

而且随着孩子年龄的增长，老师的包容性也逐渐增强，除非问题特别严重，否则老师不会轻易联系家长。家长很难第一时间了解到孩子的问题，包括上课时的纪律问题、作业完成情况等。如果孩子没有养成一定的独立性，进入初中后学习就会相当吃力。

因此，我建议家长们：

- 首先，尽早培养孩子自主学习的好习惯，让他们能够独立预习和复习；
- 其次，尽早引导孩子学会自己制订学习计划，并准备和执行这些计划；
- 最后，从一年级开始，就引导孩子养成使用记事本记录老师交代的事情和作业的习惯，并且在做完后打钩确认，以避免遗漏和忘记重要事项。

2.4.3 良心建议：素质教育，宜早不宜迟

进入初中后，随着科目的增加、难度的提升和作业量的加大，时间不够用是必然的。然而，有些素质基础是可以在小学阶段相对充裕的时间里提前打牢的。我个人认为，以下几点至关重要。

首先是体育锻炼。中学阶段不仅是脑力的竞争，更是体力的较量。每天高强度的学习往往导致孩子睡眠不足，因此身体素质的好坏显得尤为关键。更何况，中考还包含体育分数，这使得中学老师对体育锻炼格外重视。以胖豆为例，他刚进入初中不到一个月，就已经被体育老师多次提醒了，这种压力在小学时期是难以想象的。

其次，培养学习之外的兴趣特长。进入初中后，由于学业繁重，许多孩子不得不放弃自己的兴趣爱好。我曾见过一个学了 8 年钢琴的女孩，在进入中学后无奈地选择了放弃。即使有些孩子学有余力想要

坚持，上课和课后练习的频率也与小学时不可同日而语。因此，小学阶段是发展兴趣特长的黄金时期。

再次，进行阅读积累，越多越好。随着手中要完成的任务越来越多，留给自由阅读的时间自然越来越少。如果小学阶段阅读量不足，想要在初中时期翻倍补回，可能会面临时间上的挑战。

最后，建立良好的亲子关系。这一点在小学阶段就必须高度重视，因为它是所有教育工作的基石，也是孩子愿意听取家长建议的前提。

以上，就是我的一些心得。我深刻体会到了家有初中娃的朋友跟我说的那句话："初中和小学真的是太不同了，到时候你就知道了。"希望这些心得和建议能对即将步入初中阶段的家庭有所帮助。

第 **3** 章

精准出击篇
养育男孩独家秘诀：
深度体验，所向披靡

3.1
面对游戏上瘾的男孩，
这样做比讲道理有效一万倍

居家办公和学习期间，胖豆竟然染上了严重的游戏瘾。连续两周，他居然半夜定了小闹钟，偷偷起来玩游戏，躺在被窝里，连灯都不敢开。这些都是他在被我们抓包后，自己交代的。

我们开始察觉不对劲，是因为英语老师反映胖豆白天上英语课时老是打瞌睡，脑子好像也不转了。同时，我们也注意到，他坐沙发上看书时，也能一歪头就睡着。这太反常了，因为他从小精力极其旺盛，午睡对他来说都很困难。

有一天晚上，我故意没睡觉，等他的房间开始有动静，果然，被我抓了个现行！当我破门而入的时候，他正鬼鬼祟祟地披着小被子，刚打开电脑。房间里没有开灯，电脑屏幕的蓝光照在他的脸上，在黑夜里显得格外渗人。

他惊恐地看着我，而我则气急败坏！一番言语上的狂风暴雨后，他痛哭流涕地保证再也不会这样了。但，对于已经"走火入魔"的人来说，承诺往往是最廉价的东西。只要一离开我们的视线范围，他就会鬼使神差地再次被游戏那个强大的黑洞吸进去。

我尝试了一切方法，从原地爆炸到心平气和地沟通，从约定奖惩到严厉批评，再到告诫警示甚至"竹笋炒肉"，但都无济于事。胖豆爸也动用了各种技术手段来侦查电脑历史浏览记录、屏蔽游戏网站、设置上网时间段等，但疯狂围堵的结果却令人失望。

有一天，我发现连他最爱的数学课都"沦陷"了。老师讲课时，他居然在下面神游。老师告诉我后，我气急败坏。真是无药可救！我感受到了深深的无力感。

我不再骂他，也没有揍他。任何一种方法，在同一件事情上反复使用却不见效，就是无效的方法。我说："算了，你爱干吗干吗吧！"都说成年人的崩溃，从"算了"开始，那一刻，我深有体会。

那天，我在外面走了三个小时，绕着黄庄地铁站 - 翠宫 - 联想桥 - 四通桥，一圈圈地走，不记得走了多少圈。那是我作为一个老母亲无奈的发泄。

当我回家的时候，胖豆抱着我号啕大哭，请求我的原谅，他说他也不想这样，但就是控制不住自己。他平时是个很快乐、开朗的孩子，很少哭；我是个外向开朗的妈妈，沮丧到近乎绝望，也属罕见。

我非常不喜欢这样的我们，是时候改变这一切了！

我脾气不好，但耐力和韧性却很强。我决定要跟游戏"抢回"我的亲生孩子！问责只是手段，负责才是目的。

半夜玩游戏伤害自己身体、上网课分心打游戏、承诺了却做不到——这些都是不负责任的表现。当他说要赔偿数学辅导课的钱，我同意了！但前提不能动用自己的压岁钱。要负责，就自己去赚钱吧！

胖豆瞪大了双眼说："我是童工，没人会雇我。"我给他指了条明路——"捡破烂去吧！"他觉得很难为情，害怕被人看到了丢脸。我一脸严肃地跟他说："捡垃圾也是一份工作，靠自己的双手和劳动所得一点都不丢人。而且我会陪你一起面对别人的眼光。"他不再挣扎，找好袋子和手套跟我一起出门了。

虽然是晚上，但楼下小院里有很多家长和孩子在活动。刚下楼，就碰到几个认识的小伙伴跟他打招呼。他不好意思地应付了两句，就匆匆跑开了。他在小区里狂奔，寻找可回收的垃圾。跑了一圈，捡了几个泡沫箱。

我说泡沫箱不值钱，纸箱子才值钱。于是，他又转身去各个垃圾桶前卖力翻找纸箱子。搜罗完之后，我们就在一个地方"守株待兔"。

终于等到一个年轻人搬着好几个大快递箱走过来。胖豆搓着小胖手，急切地上前询问："叔叔，这几个纸箱能给我吗？"

得到叔叔首肯，胖豆开心极了。胖豆最大的优点就是心理适应能力极强，任何负面情绪在他那里都不会停留太久，他总能很快找到让自己舒服的位置。很显然，他已经完全适应自己的"新工作"，并乐在其中了。

胖豆拿起两个纸箱飞奔向刚才的"战利品聚集地"，扭头再回去的时候，却发现剩下纸箱被一个老大爷捡走了。他试图跟老大爷沟通但没有成功。胖豆小手一摊，无可奈何地说："捡个垃圾竞争都这么激烈了？"哈哈，原谅我不厚道地笑了。可不是吗！手快有，手慢无。为了防止刚才的战利品被别人捡走，胖豆让我赶紧去守着。但大晚上的，我不放心他一个人在小区里飞奔，坚持跟他一起走。

他开始跑去"动员"院里的小伙伴，说谁帮他看一下战利品，等他以后成立废品回收公司了，第一个让他入伙。你别看他一本正经地瞎忽悠，还真有小伙伴答应了。孩子的世界真是单纯又美好。

10点半，我们回家了，胖豆担心好不容易捡到的战利品放在楼下不安全，坚持把更值钱的纸箱搬上楼。

第二天，胖豆早早就去废品回收站卖掉了昨晚辛苦3小时的战斗成果——总共只卖了两块钱！胖豆说："这也太不容易了，干了一晚上才挣了两块钱！"后来，我们去超市买水喝时，胖豆拿起了一瓶比较贵的矿泉水又放下了，说太贵了，干一晚上都不够买这瓶水的。成长从来都不是一蹴而就的，但相信我，每一次的经历都不会白费。

我发现，体验的效果是可以内化的，尽管可能"费"爸妈，但其影响却更为长远。所以，我坚决地往体验派转型，虽然有时仍会忍不住责备几句，但我转型的决心是不会变的。革命尚未成功，胖豆妈仍需努力。

垃圾捡完后，胖豆主动跟我道歉，态度非常诚恳。他说这次他真的知道自己错了，自己确实不该在上网课时偷偷玩游戏，既对不起爸妈的信任，也对不起老师的辛苦备课。

他还承诺说，18 岁以前再也不玩游戏了。我告诉他："儿子，我希望你能对你的承诺负责，如果做不到，就不要轻易许诺。"他明显犹豫了，说："妈妈，其实我真的想做到，但我也怕万一我做不到，又惹你伤心。"我安慰他说："不用怕，我们会一直陪在你身边。"

我相信他说的是真心话，想和做到确实是两个概念。前者可能只需要几秒钟就能脱口而出，而后者，则需要动用强大的意志力才能实现。

我也明白，一件小事不会让他彻底改变。在未来的日子里，他仍然会有很多时候想要偷懒和懈怠，这是人性。在挑战人性的事情上，任何一劳永逸的想法都是异想天开。就连我们大人也会时不时地高唱"老子今天不上班，爽翻，爽翻！"这样的歌词来宣泄情绪，更何况他只是个孩子呢？

孩子不会因为某一件事就发生翻天覆地的改变，但每一次的体验和经历都会在他们心中悄然种下一颗小种子。

这些小种子会生根发芽，比如看到那种比较贵的矿泉水，他就会想起那个晚上捡垃圾的 3 小时。种子种得多了，也许某天就能开出一大片绚烂多姿的花朵！所谓的量变引起质变，大概就是如此吧。

3.2

天天喊学习苦的男孩，
被凌晨四点的新发地治愈了

科比曾问："你见过凌晨四点的洛杉矶吗？"我没见过。

可我见过凌晨四点的新发地——北京一个很大的农贸批发市场，带着孩子一起。

科比描述凌晨四点的洛杉矶是满天星星，灯光寥落，行人很少；而凌晨四点的新发地却是灯火通明，人声鼎沸，一片忙碌喧嚣。

最近，少年胖豆有了新的烦恼，他对我的很多说法产生了疑问。

比如，他问我："妈妈，为什么要为了让未来的我更快乐，就让现在的我学得这么辛苦？不是说要活在当下吗？为什么为了让我未来有自由选择的权利，就牺牲掉我现在玩耍的自由？你们总说不好好学习，未来会很辛苦，可是学习应该就是最辛苦的事情了吧？"我意识到，他已经过了那个我随便讲几个大道理就能立马恍然大悟、频频点头的年纪了。

快十岁的胖豆，自我意识觉醒得很快，他开始质疑父母和老师的话，试图寻求确定，想证实大人的话是不是经得起推敲，值不值得相信。

胖豆爸不甘心，试图说服他："学习当然不是最辛苦的事儿，这世界上有很多人为了生存，每天再累再困也就睡几个小时的觉。"

胖豆不信，摇着头回答："不可能，这是违背人体生长规律的，困了就应该睡觉，谁会拦着！"

真是"何不食肉糜"！多说无益，既然不信，那就带他去亲眼看看。"五一"假期的最后一天，我们带他去了凌晨四点的新发地。

凌晨三点，我们叫醒了胖豆，他睡眼惺忪地嘟囔着"困死了"，倒也配合着起来了。没有人喜欢早起，何况我们都已习惯晚睡。

一上车，他就又睡着了。凌晨三点多的中关村大街还沉浸在夜色中，空无一人。街灯明亮而孤独地照耀着空荡的街道，地上树枝的影子在微风中寂寥地舞动。半个多小时后，我们驶入了新发地，我轻轻地摇醒胖豆。他一睁眼，看到了一个他从未见过的世界——灯火通明的新发地菜市场。

大大小小的货车、面包车、三轮车来回穿梭。一个水果商贩快速卸着货，每十秒钟就搬下一箱水果。整个摊位就只有他一个人在忙碌着。我目测了一下，至少有上百箱水果等待搬运。胖豆瞪大了双眼扫视着整个市场，眼中写满了难以置信。

他低头看了看自己的手表，惊呼："才四点五分，他们的摊位都快摆好了！难道他们三点就开始工作了吗？"他第一次发现，原来北京的夜晚并不仅仅有寂静的熟睡声。当城市还在沉睡，有些人却已经开始了新一天的劳作。

路边，两个蔬菜商贩卸完货后蹲在车尾，点燃了一支烟，缓缓地吞云吐雾。这一刻的放松仿佛是他们全身疲惫的暂时解脱。平日里，只要看到有人抽烟，胖豆就会凑上前去劝说对方不要抽烟，但这一次，胖豆却没有例行"禁烟"。我微笑着看着他，他显然明白我在笑什么，悄悄跑过来在我耳边说："我觉得他们太累了，让他们抽支烟解个乏吧。"一根烟很快燃尽，他们的辛苦又将继续。

在肉类交易大厅里，胖豆不可思议地发现，卖肉的不仅有叔叔，还有很多阿姨。她们手起刀落，大棒骨、大排骨在她们手下被迅速分割，看得胖豆小肩膀一抖一抖的。他莫名地担心：那么大的力气往下剁，万一不小心剁到手，那简直太可怕了。

在一个摊位前，他跟一位剁棒骨的阿姨说："阿姨，你要小心手哦。"

阿姨疲惫的脸上挤出一丝笑容，说："小朋友，你是来体验生活的吗？"

胖豆有些不好意思地说："我就来看看。阿姨，你每天几点起床啊？"

"两点多吧。"阿姨回答道。

胖豆惊得下巴快掉下来了:"每天都这样吗?"

"是啊,基本上每天都这样,冬天的时候要冻死了。"

胖豆不死心地问:"阿姨,你这么辛苦,为什么不换个工作啊?"

阿姨停下了手中的刀,说道:"阿姨没文化,不会干别的呀!小伙子,你可得好好学习,将来别像我们干这么辛苦的活儿。"

我向阿姨双手合十表示感谢,果然天下老母亲的心意都是相通的。胖豆没有再说一句话,就这么绕着肉类大厅走了好几个来回。

也不知道过了多久,胖豆说:"妈妈我们走吧,这里腥味太重了,我有点恶心。"出来后,他又对我说:"妈妈,我一直以为肉是香香的,从来没想到生肉原来这么腥。"

胖豆沉默了一会儿,说道:"妈妈,月亮升起来,便是他们一天工作的开始吗?"我点了点头。他又接着说:"我今天终于明白什么是'披星戴月'了。"

这一路上,我和胖豆爸很少说话,就默默地陪着他走,静静地看着市场里熙熙攘攘、来回穿梭忙碌的人们。他们又是谁的父母,或是谁的爷爷奶奶,我不得而知,但他们都在为了生活起早贪黑地忙碌着。生活不是句子,它比句子难解释多了。

在这个忙碌的世界,没有人停下来欣赏这凌晨四点的烟火气。如果没有经历同样的艰辛,又怎会有真正的感同身受。

你忙，有人比你还忙；你累，有人比你还累。你起不了的早晨，有人能起；你吃不了的苦，有人能吃。生活需要比对，才能发现其中的美好。

凌晨四点，看到新发地的烟火气时，我对自己说："如果有人比你艰辛数倍，却依然拼命奔波，你就没理由自怨自艾，要努力奋斗下去。"

我看了看胖豆，不同于以往说个不停，他一路上都显得若有所思，大多时候都沉默不语。我不知道他今天看懂了多少，但我不打算做任何说教。

有些东西，需要他自己去领悟和成长。成长从来都不是一蹴而就的。但我清楚地知道，在这个凌晨四点的新发地，我被治愈了。

凌晨五点多，太阳照常升起。整个城市开始苏醒，对于大多数人来说，新的一天，即将开始！

3.3

如何让对学习没有野心的男孩，
发自内心地想上好大学

带胖豆去了新发地后，他的状态明显好转，仿佛经历了一次奇妙的化学变化。不仅每天积极完成学习任务，再也未提过学习辛苦，甚至对同学的态度也变得友善起来。

当闺蜜提议组团再去新发地时，我婉言谢绝了。组团去的效果肯定差很多，孩子们一路上聊天话题不断，沉浸效果会大打折扣。

我决定趁热打铁，带胖豆再见见世面。我对他说："在这个城市里，有很多不一样的生活方式，你两点一线的生活方式不过是其中的沧海一粟。要不要去体验一下其他的生活方式？"胖豆同意了。

在朋友璐姐的推荐下，我决定带胖豆去城中村看看。璐姐说她带女儿去过几次，每次的感触都很深。

城中村是璐姐年轻时梦开始的地方，那里有她心碎的哭声，也有挣扎向上的勇气。

璐姐曾跟我分享过她的北漂经历。她刚来北京的时候，一周都没有找到工作，当时囊中羞涩，身上仅有的 500 元让她在招待所门前望而却步，只得寄居在一个远房亲戚家。后来，她在望京找到了工作，并与同事合租了一间离公司不远的自建房。

那间小屋虽然房租便宜，但条件却十分艰苦。阳光成了奢侈品，她们常常不知道外面的天气如何，是晴空万里还是阴雨绵绵。一到夏天，水电供应极不稳定，给生活带来了诸多不便。屋内常年不见阳光，导致霉味弥漫。更糟糕的是，下水道在夏天经常堵塞，半夜里污水上涌，恶臭难闻。璐姐有时会在深夜里一边哭泣一边清理污水，然后失眠到天亮。

作为白天穿梭于望京科技园的光鲜白领，在那个深夜，璐姐无法接受自己如此狼狈的一面。她曾想逃离那里，但最终，她还是向现实妥协了。毕竟，城中村的租金相对较低，对于手头不宽裕的她来说还算友好。在后来的日子里，除了继续被下水道折磨，她还经历了被黑中介坑骗，被强行拆除隔断惊吓等种种磨难，但每一次，她都咬牙坚持了下来。

如今，北京的万家灯火中终于有了一盏真正属于她自己的灯。那段艰难的日子成了她人生中的宝贵财富，时刻提醒着她要知足并珍惜现在来之不易的生活。

一个周六清晨，我们带胖豆去了离新发地不远的南顶村。这里的小巷狭窄，窗户紧照着窗户，纵横交错的电线如同从巷子里生长出的触角，伸向四面八方，令人惊讶的是，在这里，竟然还有罕见的电视天线。路边随意堆积的垃圾，无声地诉说着这里的生活状态。

随着清晨的到来，我们陆续遇到了好几个蓬松着头发、拎着尿桶的居民。这里每不到 10 米，就有一个公共卫生间。随处可见的招租广告上，有些写着"内部条件很好，有独立卫生间，可洗澡"。胖豆由此推断这一片很多房子里都没有卫生间。

墙皮斑驳的楼道里昏暗无光，胖豆和他爸爸走在前面，我跟在后面。一股霉味扑鼻而来，头顶上时不时滴下一滴水珠，让人心生不适。

胖豆好奇地问："这样的房子租金要多少钱啊？"

我鼓励他："你去问问看吧。"

小院里，一位大爷正悠闲地听着小曲儿，胖豆一眼就看出他是房东。他走上前去询问："爷爷，租您这房子一个月得多少钱啊？"

大爷告诉他，他那有两间宽敞的房子，整租只要 2000 元。这时，一个中介迎面走来，我顺势问起这边租房的人群。他介绍说，这里主要住着快递外卖小哥、附近门店的打工者，以及许多刚毕业的大学生。

胖豆听后震惊不已，眼睛瞪得比铜铃还大："为什么大学毕业了还会住在这里呢？"

中介解释道："因为这里的租金便宜啊！大学刚毕业的学生工资普遍都不高。"

"那他们刚毕业时能拿到多少工资呢？"胖豆继续追问。

"大概三四千吧，有的甚至更少。如果住更好的楼房，一个月房租就得两三千，那样生活开销就太大了。"中介详细地解答道。

听到这些，胖豆突然有些担忧："妈妈，如果我大学毕业工作了，你会赶我出家门吗？"

我笑着回应他："只要你不作妖，妈妈当然不会赶你走。但如果你想要有自己的独立空间，那你就得自力更生想办法了哦。"

出来的地方有家卖早餐的苍蝇小馆，小菜饼一块钱一个。吃货胖豆站在那里看了半天，还是离开了，他说桌子和地上全是黑的。

回来后，我们在楼下餐馆吃了早餐。胖豆突然幽幽地说："妈妈，这个单人套餐要 21 元，可以买 21 个小菜饼了，是不是够别人吃好几天了。如果我以后每顿饭都要 21 元钱的话，那我一个月吃饭差不多就要花掉 2000 元钱，就算住城中村 1000 元钱的房子，要是我一个月工资只有 3000 元，那也吃不起这样的早餐了……"

他低着头，小声嘟囔着，看他沮丧的样子，我实在没忍心告诉他将来还有电话费、上网费、水电煤气费等各项开支。

他年纪还小，一时半会儿承受不了这么大的压力。进家门前，他还扯了下我的衣角追问："妈妈，如果我考不上大学怎么办？生活是不是会变得更糟？"

我轻轻地拍了拍他的头，诚实地回答："说实话，我也不知道，因为人生有很多种可能，上大学肯定不是唯一的出路。但如果不上大学，我想，生活可能会更艰难一些吧。"

胖豆沉默了很久，不知道过了多久，他突然望着窗外自言自语道："我再不努力学习真的不行了！"他感受到了压力，他难以想象甚至感到震惊，原来那么窘困的生活也需要他用尽全力考上大学才能过上。

我跟胖豆的视角有些不同。我对他说，我敬佩这里认真生活的每一个人。我在这里看到了城市的多面和包容。我看到太阳照常升起，城市迎来新的一天，街头巷尾充满了烟火气息：有拎着尿桶的阿姨、挑着水果的老伯、小卖部门口忙碌的老板娘、刚从小巷里出来的外卖骑手、踩着高跟鞋背着斜挎包的年轻女孩，还有背着电脑包边走边啃面包的小伙子……众生万象与城市的鲜活，就在这个纷杂拥挤的小舞台上呈现开来。

那一间间狭小的出租屋见证了无数年轻人平凡但不平淡的奋斗历程。也许在未来的某一天，他们也会像璐姐一样怀念这段充满委屈与希望的日子，然后更加珍惜来之不易的美好生活。

而对于胖豆来说，这次城中村之旅让他品味了不同的人生滋味。他说，他们的故事看似平凡，但却充满力量，用他的话说，叫"很燃"，也令人不由得肃然起敬。我相信这段经历会成为他人生的一段珍贵记忆，并教会他珍惜当下的生活。

3.4
习惯性"不服管"的男孩，
让他当一回家长，就老实多了

胖豆是个自我意识觉醒得较早的孩子。状态好的时候，无论我说什么，他总是带着迷弟般的表情回应："你真是世界上最棒的妈妈，我为什么这么幸运，在天上选妈妈的时候选到了你！"这时候，无论我说什么，他都会听从并配合。但状态不好的时候，他会连着好几周作妖，我说什么他都听不进去。虽然他没有直接在言语上与我对抗，但却会用行动无声地表达他的抗议和不满："我不服，我不听！你说你的，我做我的。"

当然，作为母亲，我必须承认，孩子不时出现的问题多少与大人有关。尤其是在胖豆爸出差、我工作也特别忙的时候，由于里里外外只有我一个人，对他的关注和耐心自然都不够。当亲子关系出现疏离，孩子的配合度自然会降低。

一个周六，我邀请胖豆陪我徒步五公里，主要是想和他聊聊天。我诚恳地向他表达了我作为母亲的困惑与无奈："胖豆，妈妈只是一个普通人，不是超人，无法同时兼顾所有事情。这段时间妈妈可能忽视了你，对此我很抱歉，但你最近似乎也有些'非暴力不合作'，是不是也有一些话想要跟妈妈说说啊。"

胖豆说了很多。他告诉我，他很多时候并不想惹我生气，也确实想改变自己的行为，但就是控制不住自己，他觉得自己也值得同情。另外，他还表达了对成人世界的不满和困惑，觉得我们大人总是可以随心所欲地发号施令，而他们小孩却只能服从。

我听了胖豆的话，深有感触。我试着从他的角度去理解他的感受，并提出了一个有趣的建议："胖豆，你羡慕大人的生活吗？想不想试试当家长的感觉？"他眼睛一亮，兴奋地点了点头。于是，我们商定了一个特别的"换位体验"计划：在接下来的一周，胖豆将晋升为家里的大 BOSS，而我则降为小杨同学。大 BOSS 将掌管家里的一切财政大权，结余归他所有，缺口也由他来填补。每周生活费定为3000 元，必须覆盖家庭本周所有必需支出。

除了财政大权，大 BOSS 还将接管我之前在家的所有职责，并承诺保证生活质量不下降。协议一达成，胖豆兴奋得原地转了三圈。

周日早晨，我还没睡醒，胖豆已经开始发号施令了："小杨同学，都几点了，还不起来工作？"这可真是赤裸裸的打击报复！我试探着问："大 BOSS，今天不带我去游乐园玩吗？"

"不去，我想带你去找姐姐（胖豆的表姐）玩儿。"他迅速给外婆打了电话，约定中午一起吃饭。出门的时候，他特地带上了钱包。路上，他问我："我记得咱们每次去都会带点礼物，我要是不买是不是就成吃白食的了？"

我回答说："你是大 BOSS，我都听你的。"

于是，他转身去买了姐姐最喜欢吃的红肠，花了 126 元。他一边嘟囔着"太贵"，一边付了钱。这时，查水表的微信催款信息来了，我拿给胖豆看。

胖豆不情愿地付了水费，并再三询问会不会再有其他费用，比如电费或燃气费。我确定地说没有了，他才如释重负。

两天下来，胖豆开始抱怨自己像个提款机：吃饭花了 400 元；给小杨同学的手机充值 100 元；每日的牛奶、矿泉水和水果一共 200元；给奶奶买艾草药膏 200 元……

我又向大 BOSS 申请买双新的跑步鞋，需要支出 600 元。我解释说我之前的运动鞋透气有孔，不适合冬天跑步。他面露难色，抱怨我为什么不在促销时买，但在我的坚持下，还是咬牙打开了钱包。

之后，他略带伤感地说："妈妈，才过了两天，我们的生活费已经花掉一大半了，要是再不省着点儿花，过几天就得喝西北风了。"

周三的时候，胖豆感受到了空前的经济压力——编程老师发来了寒假班的续费链接。胖豆傻眼了："晴天霹雳呀！妈妈，你是不是早就知道有这笔开销啊。"

我发誓说："我真的不知道，这完全是个意外。"

他问能否下周再交，我解释说可以，但会失去原班名额和原来的老师同学。他无奈地说："那算了，还是交吧。从我的压岁钱里扣吧。我怎么这么倒霉啊，一掌权就赶上花大钱。"

我哈哈大笑："当家长，缴费是常态，大 BOSS ！"

他"啊"的一声瘫倒在沙发上，开始叹气："我还以为能剩下不少钱呢，结果还得搭进去我的压岁钱。"

不过，胖豆有个优点就是很重视承诺，事先协议好的他不会轻易赖账。

我鼓励他："别泄气啊，这两天我跟着你过得很开心，你要继续带着我过好日子啊。"他叹了口气说："生活不易，BOSS 不好当啊。"

发现节流无望后，胖豆开始想办法开源创收。他先是跑去跟胖豆爸"融资"，说要开个家庭按摩院，但被胖豆爸以"没发展前景"为由婉拒了。

于是，他原地"开店"，并向胖豆爸兜售按摩套餐卡：单次 100元 / 小时；月卡 1000 元 /20 次，相当于 5 折；年卡就更劲爆了——3000 元 /100 次，相当于 3 折。 然而还是被爸爸以"不需要"为由拒绝。

胖豆开始疯狂洗脑胖豆爸："我妈这个月工作那么忙，还一个人照顾我，你难道都不愿意办张爱心卡犒劳她一下吗？"

在我的眼神示意下，胖豆爸办了一张月卡……但由于每次要消费的时候，老板兼按摩师——胖豆都没空，导致胖豆爸觉得用户体验太差，最终选择了退卡。胖豆很无奈，眼睁睁地看着煮熟的鸭子又飞了。

其实他不是故意偷懒，而是真的没空。因为大 BOSS 嫌在外面吃太贵，决定自己在家做饭。于是，他过上了早起做早餐，放学买菜做饭的忙碌生活。不过，他倒是充分发挥了大 BOSS 的权力，把每天洗碗的任务"安排"给了胖豆爸。

大 BOSS 每天回家都幻想着赶紧写完作业、干完家务，剩下的时间就可以玩游戏了。但他没有一天实现过这个愿望。

每次，我都会"善意"地提醒他："大 BOSS，这几天的衣服还没洗呢，房间已经乱了，地板也该拖了，对了，尤其是马桶，你都好几天没刷了……"

大 BOSS 每天像个陀螺一样不停地转圈干活，看着我悠闲地坐在沙发上看书，他越发心里酸溜溜的："小杨同学，我忙得要命，你却啥也不干。"

这我可就不同意了。我立刻反驳道："大 BOSS，我只是在过你之前的生活而已。况且，至少我让你很省心，没让你操心过我的工作，也没占用过你的时间吧。要不咱俩一直换下去吧，我爱上你的生活了。"

他一下慌了："我不要！我可不爱我现在的生活！""可是你实话实说，我可没欺负你吧，你干的活是不是妈妈每天都在干的？"我问他。他点点头，无法反驳。

有一天，胖豆在路上不小心踩到了脏东西，回家后直呼恶心。我让他赶紧把鞋子脱了去洗干净，不然家里都会被弄臭。他可怜兮兮地请求我帮他洗。

我说："不好意思，我现在是小杨同学，胖豆同学之前可从来没洗过鞋哦。"

于是，胖豆在洗手间刷了一个多小时的鞋子，欲哭无泪。

刚刷完鞋子出来，物业来电话了，让交今年的供暖费。

胖豆听到这个消息，顿时往后一倒瘫倒在床上仰天长啸："救救孩子吧！我实在是坚持不下去了！"我说："那可不行啊，协议还没到期呢，我还想续约呢。"

他一下子从床上弹起来抱住我的腿："妈妈，我的好妈妈，我真的知道错了，我保证以后都听你们的话。当小孩真的挺好的，是我不懂得珍惜。"

我憋住笑说："当大人不挺好的吗，这一周你可没少对我们发号施令啊。"他哭丧着脸："发号施令有什么用啊，你们又不听我的，每次说你们，你们就说'你原来也总不听我们的话'。而且当大人太累了，一直要交钱，家务活还怎么干都干不完。妈妈，我现在真的知道你每天有多不容易了。我保证，我以后真的都听你的话！求你了，换回来吧。"

我拍了拍他的肩膀："不行的,男子汉要说话算数,说换一周就换一周,小伙子,自己签的协议,含着泪也要履行完啊。"

他无奈地答应了,然后若有所思地说:"妈妈,我想谢谢你,为家里做了这么多,你真的很辛苦,以后我会多帮你做家务的。"说完,他还给了我一个大大的拥抱……

讲再多的道理,再反复强调自己的辛劳,也不如让孩子亲身体验角色换位后的不易。唯有这样,他才会真的有所领悟,学会感恩。这一周,胖豆的表现出奇得好,每天都能快速完成学习任务,还信誓旦旦地保证不让我操心。

当然,我深知像胖豆这样活泼好动的孩子,很难一直保持这样的状态,总会有阶段性的反复。不怕,那就等他下次"作妖"的时候,我再来跟他过招。

3.5
为什么建议多带孩子学做饭，他会被烟火气熏染爱与被爱

在我看来，解锁孩子参与做饭和家务劳动的技能，其实是发掘了被很多家长轻视的育儿大宝藏。

做饭是亲子陪伴的一个很好的时机。我经常带胖豆一同体验生活的点滴，让他参与到家务劳动中来。在这方面，我非常舍得使唤胖豆，从没有觉得我在占用他的学习时间。

我始终认为，我是在帮助他，帮他体会别人的辛苦，学会换位思考，懂得凡事不能不劳而获，帮他体会付出的快乐。

从二年级开始，他就自己收拾书包和书桌；从三年级开始，他每周都要帮忙洗几次碗，晾几次衣服，周末还要给全家做顿早餐；到了四年级，他已经学会做不少简餐了，也学会了用空气炸锅烤肉串；五

年级，他已经学会了做好几道大菜，比如酸菜鱼和糖醋排骨。

胖豆小的时候有些懒惰，不太愿意参与家务。后来我经常对他说，家是爱的港湾，每个家庭成员都要用心参与建设它。家务不仅是日常任务，也是我们对家庭爱的表达，没有人应该多干，那些多干的人，只是因为更爱这个家而已。

胖豆喜欢讲公平，我就跟他说，他上学时，我上班；他写作业时，我写公众号文章；我做饭，他洗碗；他做饭，我打下手……他觉得这样非常公平，甚至觉得自己占便宜了，因为他觉得我比他干得多得多。现在，他甚至乐在其中。你让他去烤份鸡翅或鸡米花，他蹦蹦跳跳地就去了；我在旁边给他当小工，做个配菜，一起聊聊开心的事儿，其乐融融。

他的厨艺已经超过了胖豆爸，为此他扬扬自得，自诩为家里的"老二"。他觉得自己在家务方面的贡献比爸爸大，地位自然就高爸爸一等。我很支持他靠双手打拼出的家庭地位。就算他马上面临小升初，学业更加繁重，我也不打算减少他参与家务劳动的机会。我相信，通过体会劳动的辛苦，享受付出和被赞美的快乐，他会更懂得感恩的意义。

这种亲身体验的教育方式，可能远比他读几十篇关于感恩的文章来得深刻。我们教育孩子究竟是为了什么？归根结底，是为了让他们在当下和未来都过上更好的生活。

书本知识始终是抽象的，而亲身体验劳动和生活才是最生动的教育。没有体验过生活的孩子，如何共情人间冷暖？

我们都知道，在中国，会做饭的孩子真的不多。我记得之前看过人民网一篇名为"大学生，你会做饭吗"的调查报告。数据显示，会做饭的大学生只占43%，而所谓的"会做饭"的人中，大部分人的技能仅限于焖米饭、下面条或打下手等简单任务。更令人惊讶的是，从没打算学做饭的大学生竟然占了18%。

这一现象与我们的教育环境有关。因为在传统观念里，不让孩子做饭是疼爱孩子、保护孩子的表现。

如今，父母不让孩子做饭，除了怕耽误孩子的学习时间，还害怕孩子被烫伤、被刀割伤，甚至怕他们被油烟熏着。但其实孩子比我们想象的要厉害。很多事情，不是他们做不到，而是我们低估了他们的潜力。

我之前看过一本非常感人的书，叫《会做饭的孩子走到哪里都能活下去》，书里讲述了这样一个故事：年轻的妈妈千惠得了癌症，冒着生命危险生下女儿阿花后，生命进入了倒计时。这位勇敢的妈妈决定从女儿小的时候就教她做饭，因为她觉得只要会做饭，即使她离开了，女儿也可以活下去。

阿花4岁生日那天，妈妈千惠送了她一条围裙作为生日礼物，开始训练她切菜、煮汤。千惠把做饭的视频都用摄像机录下来，告诉阿花，以后要是忘记步骤，就打开摄像机，看看妈妈是怎么做的。这本书我看的时候多次泪崩，其中有一段话特别打动我，这段话是千惠对女儿说的："阿花，做饭这件事与生活息息相关，我想教你如何拿菜刀，如何做家务，学习可以放在第二位，只要身体健康，能够自食其力，将来无论走到哪里，做什么，都能活下去。"

我想，这也是天下所有妈妈最朴实的愿望吧。

我经常跟胖豆说："这个世上能陪你吃饭的人有很多，但是愿意为你亲手做饭的人却屈指可数，遇到了，记得对他好一点。"

就算学校不教，我也会坚定地教胖豆做饭，不仅仅是为了让他填饱肚子，还为了在这个温柔与残酷并存的世界里，他可以用美食与能量治愈自己。

未来，胖豆也会成为别人的爸爸，他可以和自己的孩子一边做饭，一边闲聊，消除彼此之间的隔阂，体会生活的幸福。教会一个孩子做饭，便是教会他谋生和谋爱。

第**4**章

温柔坚定篇
良好亲子关系是男孩变优秀的关键

有一天，胖豆非常正式地问我："妈妈，为什么'失败是成功之母'会成为至理名言？我并不这么认为，我觉得'成功才是成功之母'。"

那一刻，我突然意识到，胖豆早已不再是我眼里那个不谙世事的小屁孩儿了，他有了自己的主见。于是，那天晚上，我决定召开一次家庭"吐槽大会"，让大家畅所欲言，我也好趁机了解一下胖豆内心的真实想法。

在吐槽大会上，我提出了一个原则：只吐槽，不解释，被吐槽的不准发脾气，只要不涉及人身攻击，其他的百无禁忌。

刚开始，胖豆还有些拘谨，只是轻描淡写地说了一些学校里同学间的事情。但后来，他看到我和他爸爸互相吐槽得挺起劲，也没有生气，他就放下戒备火力全开了。

从他的吐槽里，我看到了他的情绪，看到了他对我们过度关注他学习、忽视他情绪的不满，看到了那个我们很久没有夸过但其实也想变得更好的孩子。

同时，我也看到了他在高手如林的环境中所承受的压力，而我却总是急于指出他的不足和错误，想要他迅速改正、迎头赶上，但这种做法只会让他更加烦躁和排斥。

他说完后，一直在观察我的脸色。我回应道："我觉得吐槽大会这个主意挺好的，以后咱们可以多开。有冤报冤，有槽吐槽，谁都别憋着。我们得先处理好情绪，解决掉内耗，才能轻装上阵解决问题……"

我真的没有生气，甚至在他吐槽我的时候，我还产生了共情。我意识到，我自己在日常生活中不也是这样的吗？成功让我更有积极性和动力，而过多的挫败则会让我烦躁不安。

挫败感会激发消极情绪，这些情绪如果不断累积，就会让爱的本意消失。我总是去戳人痛处，还希望他们能不带情绪地解决问题？这凭什么呢？

从那之后，每周一次的吐槽大会就成了我们的惯例。我和胖豆爸还有胖豆在一次次的吐槽大会中，释放了情绪和压力，也更加了解了彼此的红线。

许多家长常常感到沮丧和焦虑：为什么孩子不肯听那些"为他好"的建议了？

其实，孩子们之所以抵触这些建议，是因为他们感受到了越界。当我们的"建议"剥夺了孩子的决策权，孩子感受到的就不再是关心，而是控制和要求。没人喜欢被控制、被要求，尤其是处于青春期的孩子。

当然，孩子不愿意听从家长的话，并不只是在青春期才会出现。每当我在专栏里写胖豆的"青春期症状"时，总会有很多二三年级孩子的妈妈留言询问，说自家孩子也有类似症状，是不是青春期提前了。我想，可能不是青春期提前的问题，而是亲子关系出了问题。

我们与胖豆的亲子关系融洽时，他回家什么事都喜欢分享，我们提的学习建议或要求，他也基本都会采纳。这样，一旦发现问题我们就能及时解决。而他也是个乐天派，很容易自洽，不会内耗。

很长一段时间，我一直在思考一个问题：教育是什么？教育就是发现问题，解决问题吗？我们似乎都是这么实践的。

虽然我们这代父母已经学会了鼓励孩子，也能夸得出口了，但教育是否还有更深层的意义呢？

很多朋友都问过我类似的问题："胖豆妈，你的教育方法之所以能成功，是因为你家胖豆本身就很乖吧，什么都听你的。可是我家孩子特别犟、特别固执，怎么说他都不听，怎么办？"

其实，说胖豆乖巧听话并不准确。他的老师、同学、外婆、爷爷奶奶……统统都不能答应。他曾经的种种"熊孩子"事迹，给以上各位都造成了不同程度的困扰。

但我也必须承认，最近两三年，胖豆确实收敛了不少，也懂事了很多，进步非常大。

这主要归功于以下四个方面的原因：

一是，随着他逐渐长大，自尊心也日益增强，开始在意别人的负面评价了，尽管嘴上常说不在乎；

二是，我人为地干预了他原本"我行我素"的"野蛮"生长方式，引导他逐渐转向"有计划的学习和生活"；

三是，过去两年多，他在很多方面的"战绩"确实还不错，自信心爆棚，从而形成了积极的正向循环；

四是，我自己的改变也起到了关键作用，我从过去的"单纯说教"转变为"陪他体验"，从"说得多"转变为"做得多"，我们的亲子关系变更好了。

　　我深信，只有亲子关系实现进一步融洽，孩子才会更愿意配合。只有当孩子内心真正认同某个人或某件事，他们才会主动去配合，否则，上面第二点就不会成立，就像很多朋友所困扰的那样，计划做了很多，但孩子就是不配合，导致所有结果都不了了之。

　　在这一点上，我自己也走过很多弯路，做过很多错事。我抓狂过，对他喋喋不休过，甚至居高临下地指责他。这导致有段时间我们之间的亲子关系很紧张，使得胖豆一犯错就选择撒谎来逃避责任。

　　好在我这个人经常自省，知错就改。我也总跟胖豆说："别怕犯错，谁不是一边犯错，一边长大。"胖豆最不喜欢听人说教、讲大道理，他喜欢听故事，我告诉他："妈妈也是。"

　　现在，我就来跟大家分享一些我们的小故事和从中得到的小感悟，希望能给你们带来一些启发和共鸣。

4.1

这样沟通，
轻松走进磨蹭男孩的心里面

胖豆二年级下学期的一天，我的一位朋友来家里做客。当时我跟朋友正聊得火热，胖豆忽然跑过来跟我说："妈妈，能帮我拿一下柜子上的那盒乐高吗？"我答应了他："好的，你等一下，妈妈马上去给你拿。"

胖豆开心地跑去玩了，而我则继续和朋友谈论刚刚被打断的话题。但一聊起劲，我竟然忘了拿乐高的事。也不知道过了多久，胖豆有些失望地走过来说："妈妈，你不是说等一下，马上帮我拿的吗，都过去多久了啊？"我这才恍然大悟，连连说"忘了"并拿来了乐高。

到了吃饭的时候，我喊胖豆吃饭，他说："等一下，我马上就来。"然而，我在厨房和餐厅之间来回穿梭，喊了他好几次，却始终不见他的踪影。

我走到客厅，发现他还在专心地玩乐高，我有点生气："大家都等着你吃饭呢，你这样礼貌吗？你说'等一下，马上就来'，看看现在都多久了？"他耸耸肩，语气有些冲："我就是忘了而已，你至于这么生气吗？"

他的不以为意刺激了我，尤其是在朋友面前，我觉得很尴尬。我开始教训他，从不遵守承诺到没礼貌，逐渐上纲上线。

胖豆这下真的生气了，开始哭喊道："我刚才让你拿乐高，你也说'等一下，马上'，你说话也不算数！你说'等一下'的时候没有时间限制，为什么对我就有？为什么大人可以做的事情，我们小孩就不能做，还要被骂？这不公平，我不服！"

胖豆虽然淘气，但性格开朗乐观，很少发这么大的脾气。看着他委屈又愤怒的样子，我突然意识到了自己的错误和双标。我当着朋友的面给他道了歉，我们和解了。

自那以后，每当胖豆来找我，我要么回答"马上"，然后立马起身去做；要么说"等我几分钟，等我忙完这个就去"，然后在忙完后第一时间去履行承诺。

如果真的因为特殊情况耽搁了，我也会很诚恳地向他道歉，并解释原因。我会告诉他，如果他暂时不能原谅我，我也能理解，并愿意接受任何他认为合适的惩罚。

很久之后的一个下午，我问胖豆："儿子，你准备什么时候开始写作文啊？"他回答说："妈妈，二十分钟后吧，四点二十我就开始，你先陪我玩两把三国杀行不行？"于是，我陪他玩起了三国杀，二十分钟到了，我们手里的牌局还没有结束。他放下手里的牌，对我说："妈妈，先别收啊，等我写完了咱俩继续。"

4.2

家长管好自己，比管孩子100次都有效

有一次，胖豆陪我去银行办卡。银行里有个书架，胖豆拿起一本书津津有味地读了起来。在我旁边，有个妈妈在坐着等叫号，手里拿着手机。她看了胖豆一眼，然后对一旁的孩子说："别看视频了，看书去！你看看人家！"

那个孩子和胖豆差不多高，仿佛没听见妈妈的话，眼睛依然盯着妈妈手里的手机，不时发出笑声。

那个妈妈侧过身去，想挡住孩子的视线，但自己依然没有关视频，只是嘴里一直催促着："学学人家，看书去，听到没有？"孩子没有罢休，起身弯腰继续追着看。

那个妈妈无奈地把手机举高，逼着孩子去看书。孩子嘟嘟囔囔地

走了过去，随便拿起一本书，发泄式地乱翻。

他妈妈摇摇头，叹了口气，转头问我："你儿子怎么那么爱看书啊？我这孩子，特别不喜欢看书，成天就爱看小视频，快把我肺气炸了。"

我笑了笑，回答道："你不让他看不就行啦。"她说："我是不让他看啊，但是我一看他就凑过来了，赶都赶不走，有时候还会偷偷拿手机看。"我问她："你也喜欢刷视频吗？"她点点头说："是啊，上班太累了，回家刷刷视频能放松一下。"

说话间，叫到了她的号，她起身拉着儿子往柜台走，边走边数落："你说说你，什么时候能像那个小孩儿那样，能自己看书，不让人操心啊。"

我没来得及告诉她，我手机里没有安装抖音，胖豆在家看书的时候，我也在看书。

我工作也累，也需要放松。周末对胖豆来说是没有学习任务的自由日，对我来说也是。

我也会在周末看看电视、追追剧，也会允许胖豆看动画片，做他自己喜欢的事。但胖豆学习的时候，我不会在一旁娱乐。他学习时，我就陪他一起忙。

我发现：在教育孩子上，管好我自己，比管教孩子100次都有效。

前年春节的时候，我和胖豆爸进行了一场比试，结果我赢了。他愿赌服输，于是节后他开始带胖豆晨跑。刚开始的几天，每次回来他俩都怒气冲冲的,胖豆觉得很委屈,说爸爸光催着他跑圈,自己却不跑。而爸爸则振振有词地说:"难道我辅导你写作业,就要把作业都写一遍吗?"

胖豆爸不停地吐槽:"他真是太难搞了,没跑几步就说跑不动了,到身体极限了。我捡了根小棍子,他瞬间就有了爆发力,跑得飞快,一转眼就没影了。"

而胖豆也愤怒地吐槽爸爸:"他凭什么就能不跑,我一让他跑,他就说他年纪大了跑不动。我说我太胖了也跑不动,他就拿棍子追我。"

虽然胖豆爸一百个不情愿,但也不想两个人每天都剑拔弩张。经过多番尝试和调整,他终于明白,跟胖豆一起跑才是最省心、最能减少生气的方式。

胖豆在每天跳绳一百下到三千下的过程中,也经历过无数次的抱怨和罢跳。

而真正让他闭嘴、每天老老实实跳的转折点,是我开始每天跟他一起跳绳三千下。之前也有妈妈问我关于孩子如何坚持运动的问题,她们说自己每天早上起不来陪孩子运动。

我的回答是,要想让孩子坚持运动,除了父母轮流坚持陪伴,没有更好的办法。我也确实没有遇到过妈妈睡觉时,孩子自己主动起床去跑步的省心小孩。

4.3

孩子没考好？
检验你是普通家长还是高手家长的时候到了

有天早上，我和胖豆跳完绳后去吃早餐。邻桌的妈妈一直在大声训斥她女儿，尽管我并没有偷听他人谈话的习惯，无奈她的声音实在太大，让人想听不见都难。

小女孩低着头，一直没吭声，手里不停地捏揉着汉堡。从妈妈的话里，我得知小女孩这次期末数学考试考砸了，三好学生也没评上。妈妈非常生气，取消了孩子假期的游玩行程，誓要把孩子的数学成绩提上来。

小女孩被妈妈训斥得掉下了眼泪，这让她妈妈更生气了："哭哭哭，不争气，气死我了！"说完，她扭头去了洗手间。

我挪了下凳子，递给小女孩一包纸巾，安慰她说："别难过，阿姨能看出来，你是个非常棒的孩子，这次只是一个小小的失误。下次你一定会做得更好的。"

胖豆也凑过来，点头如捣蒜："对对对，我去年选三好学生时也差一票没选上，刚开始我也有点儿难过，但一想到只有一个男生选上了，这说明我已经是班里的'男二号'了，我就一下子没事儿了。我想着明年再加油呗。你看，今年我就选上了呀！下次你肯定也没问题的。"

小姑娘性格很好，很有礼貌，尽管还在哭泣，还是跟我们说了"谢谢"。这时，她妈妈从卫生间出来了，一脸疑惑地看着我们，然后催促小姑娘赶紧离开。

胖豆问我："妈妈，如果我考试考砸了，你会像那个阿姨一样凶吗？"我做老虎吃人状，逗他说："我会生吞了你。"胖豆笑了起来，说道："才不会呢，你可不是那样的人。"我开玩笑地回应道："我是，你可能太不了解我了。"

玩笑归玩笑，说真的，我很理解那位妈妈的心情，如果胖豆考砸了，我也会感到失落，但我会尽快调整自己的情绪。短暂的失落过后，我一定会对他做这5件事。

- 第一，我会抱抱他，并告诉他没关系。我会让他知道，不管他考多少分，妈妈都爱他，他永远是妈妈眼里最棒的儿子。
- 第二，我会告诉他，这次考砸只是暂时的。他有无数次机会可以东山再起，展现自己的实力。我会耐心等待他取得成功的那一天，因为我坚信一定会有那一天。

- 第三，我会带他去看场电影或吃顿好吃的，考完试他需要放松和休息。
- 第四，我会跟他一起分析考试中的错题原因，并针对掌握不好的地方制订计划，利用假期时间进行练习和弥补不足。
- 第五，我会告诉他，不会因为他考砸就取消暑假的旅行计划。这是全家人的旅行，不应该跟他的考试成绩挂钩。

虽然考试分数能够在一定程度上反映孩子的学习情况，但家长在面对孩子的成绩时还是要保持淡定。我不太赞成根据孩子的成绩来进行奖惩，以此来激励孩子。辛苦学习了一个学期，无论考得如何，都应该让他们实现一个小愿望，出去放松一下。

事实上，平时胖豆考得好时，我也不会有什么特别奖励，而只是告诉他我由衷地为他感到高兴。我们一直强调学习是他自己的事情，得到的荣誉也是他自己的。相反，他考得不好时，我也不会过分责备他，而是会给予他支持和鼓励。

我始终坚信，每个孩子都渴望变得优秀，都希望在考试中取得好成绩。要是考得不好，他们本身就会感到难受和挫败。

这个时候，父母需要关注的不仅是分数，还有很多更重要的方面。比如孩子的身心健康、自信心、情绪调节能力、总结反思能力，以及孩子是否依然能量满满，有重新振作的勇气。这些因素对于孩子未来的成长和发展至关重要，远比一次考试的分数更重要。

我们必须意识到，孩子的一生中会有无数场考试，成年后工作和生活中的每一个难关也都是一次考试。没有人能够一直赢，每个人都会有无数次考砸的时候。

所以，考砸本身不可怕，关键在于孩子如何面对和处理这种失败。而孩子是否能坦然面对自己的考试结果，很大程度上取决于家长在他们成长过程中对待考试成绩的态度。

孩子的学习成绩会受到各种因素的影响，包括家庭、学校和社会环境。如果孩子考砸了，我们需要与他们共同面对这份成绩单，而不是一味地责备他们。

我们应该冷静地思考孩子的问题到底出在哪儿。除了对错题的分析外，我们还要与孩子进行深入交流，看看到底是发挥失常、难题不会，还是平时学习态度或习惯不好导致的结果。我们要与孩子一起总结整个学期的得失，而不是仅仅盯着一次考试的分数。

同时，我们应该多倾听孩子的学习心得和真实想法，了解他们在这个学期中取得的进步和遇到的困难，然后一起寻找解决办法，帮助孩子克服这些困难。

父母只有时刻和孩子站在一起，一同迎风奔跑，才能成为孩子的朋友和值得信赖的对象。这样，孩子才会愿意听取我们的建议，积极进步。

相反，如果父母只关注孩子的成绩，而不顾及孩子的感受和学习的过程，孩子只会让我们越来越失望。

不只是成绩，所有的成长问题都是如此。我曾经和胖豆有过很长一段亲子关系紧张的时间，甚至到了剑拔弩张的地步。我发现，越是我认为天大的事情、必须马上改正的问题，在胖豆眼里越不是事儿。

他的表现总是与我的期望背道而驰，我越努力，就越心酸。严重的时候，他甚至站到了我的对立面，听不进去我的任何说教。他会故意挑战我的底线，把我所看重的东西统统摧毁。

直到有一天我意识到，我们和孩子之间本该是相爱、共同进步和共同幸福的，为什么要互相对抗呢？

也许我这样一个做事风风火火、计划性很强的家长，注定会遇到胖豆这样一个温吞、随遇而安的孩子。

他就是会不停地挑战我的紧锣密鼓，用行动默默告诉我："妈妈，你要慢一点，要接纳不完美的我，无论如何，我都是你最爱的儿子。只有这样，我才会愿意听你的话，我们的亲子关系才会更加和谐有深度。"

当我真正意识到孩子的问题可能源自我自身的心态，我才能全然接纳眼前这个孩子的一切，从而引发实质性的改变。

随后，我发现，当我改变了自己的心态后，孩子也发生了改变。他突然就听得进去我的话了。我们亲子间的磁场也改变了，整个世界仿佛都豁然开朗。

我曾与一位有着20多年教龄的老师深入交流过，她的一番话让我至今记忆犹新："孩子成绩不好，多半与家长有关。要么是家长什么都不管，连孩子的基本生活都照顾不周；要么是家长过于在乎孩子的成绩，以至于忽略了其他方面的成长。"

凡事过犹不及，这是古人给我们留下的智慧。

你对待孩子成绩的态度，藏着孩子真正的未来！无论你的孩子成绩好坏，请相信，每个孩子都是一颗独特的种子，只不过花期不同。细心地呵护他们成长，陪伴他们沐浴阳光和风雨，这何尝不是一种幸福？

孩子的未来蕴藏着无限可能，不是只有学习这一条路。考试考不到高分，没关系，那只是人生中一次小小的考验而已，他们依然有能力做好很多其他更重要的事情。

请试着发掘自己孩子身上独有的优势和天赋，并帮助他们将这些优势放大。哪怕你暂时找不出孩子在学科方面的任何特长，哪怕他们看起来在各方面都平平无奇，也请不要气馁。因为他们身上总会有优点，或许他们心地善良、懂得感恩，或许他们热衷于钻研美食、特别贴心……这些都足以让你相信，你的孩子未来一定能够自食其力。

4.4

你没看错，当孩子"厌学"时，你反倒最该"共情"他

不少家长都这样担心过："我的孩子是不是厌学了呀？最近他一点学习的劲头都没有。"这说明我们都曾捕捉到"厌学"的迹象。

只不过，厌学的表现形式和持续时间在不同孩子之间差别很大。有的孩子只是短暂地浮现出厌学情绪，而且这种情绪很快就消逝了；有的孩子则确实出现了明显的阶段性厌学，比如胖豆。

对于后一类孩子来说，厌学的持续时间各不相同。有些孩子在适当的引导下能够逐渐走出困境，而有些孩子则由于缺乏正确的引导，从此一蹶不振。

值得注意的是，厌学的孩子无一例外，都在真正陷入厌学前向家长发出过求助信号，只是很多家长没捕捉到这些信号而已。这些信号

包括但不限于：不爱写作业，无法按时完成学习任务；越来越不爱看书；一提到学习就变得情绪不稳定，爱发脾气；等等。

那么，导致孩子厌学的根本原因是什么呢？

答案只有三个字：无力感！

这种无力感很大程度上源于孩子当前学习任务的难度太大，超出了他的应对能力，从而使他产生了挫败感和缺乏成就感。

分享一个我的亲身经历。有段时间，胖豆的成绩一直不理想，甚至有次数学考试还不及格。我去接他放学时，看到他是哭着走出来的。

那是我第一次看到胖豆因为考试成绩哭。尽管之前老师在家长会上给我们打过预防针，说这种情况在孩子学习过程中是很常见的，让家长不要大惊小怪，但当真的到了这一天，对我们的打击还是很大的。

虽然我也很受刺激，但看到胖豆那么难过，还是不断地安慰他，说带他去吃好吃的。没想到，吃货胖豆这次却拒绝了，他表示自己只想回家。

回到家后，他的情绪依然很低落，又哭了起来，说道："我怎么会不及格呢，这简直是我的耻辱。"我安慰他说："没关系，老师都说了这是正常现象，我们查漏补缺，找出问题，及时改正就好了。"

但我期待的"知耻而后勇"并没有出现；相反，胖豆接下来的一周绝口不提做题，要知道他原来每天都会刷几道题的。刚开始，我选择了沉默，以为他过两天就好了。

但事态的发展出乎了我的预料，他在学校里频频和同学吵架拌嘴，为此老师两次找我谈话。

在老师第二次找我时，我决定给他请一天假，带他去爬香山。

我温和地对他说："妈妈知道你最近不开心，遇到了困难，你需要妈妈的帮助吗？"

胖豆看着我，眼神中闪过一丝沮丧，然后低声说："妈妈，我觉得我很笨，很差劲，连自以为学得最棒的数学都没有考及格。"

我抱了抱他，说："儿子，你能意识到自己的不足，会因为考得不好而伤心，这说明你很有上进心，这是非常宝贵的品质。其次，这只是一时的失利，你之前的成绩那么好，说明你是有实力的，只要我们一起努力，把不会的学好，你依然可以重回巅峰。而且，不及格不见得完全是件坏事，它让你发现了自己的薄弱环节，这样你就能及时弥补，这其实是一件好事，你说对吧？"

胖豆听了我的话，似乎有些触动，但还是迟疑地说："妈妈，你真的相信我吗？"

我坚定地看着他，说："当然了，胖豆有多厉害我最知道了。"

我趁热打铁，继续说："不过如果你选择继续努力，就要勇敢地面对自己的不足，不要隐瞒，我们可以让爸爸帮你梳理复习一遍薄弱的部分，然后你再做题。对于还没学到的知识，我们也可以提前预习一下，这样你下次考试就会更有信心了。"

那个寒假，我要求胖豆爸一个月内不要出差。那一个月里，每天晚上下班回家，胖豆爸都会耐心带着胖豆梳理薄弱板块，白天胖豆再独立改正错题、做新题。他们还通过视频课程预习了没学的知识点，并做了相应的练习。

经过那段时间的努力，胖豆再次参加考试时明显更加顺利了。他的成绩也有了显著的提升，重新找回了"数学小王子"的自信。他继续每天刷题，阶段性的"厌学风云"就这样过去了。

持续的挫败感会让孩子失去自信，不断否定自己，"为什么我不行？为什么我总是不行？"他们可能会觉得自己笨、没能力。如果不及时疏导孩子的情绪，帮助他们解决困难、重新建立自信，孩子就会抗拒接近带给他"伤害"的源头——学习。

还有一些孩子的无力感可能来自父母。父母的焦虑、过度干涉和责难，导致他们丧失自我掌控感，从而心理失衡，缺乏成就感。

在学习上，这些孩子无法感受到自我价值，更多地感受到的是被评判、被要求，以及父母有条件的爱。他们会觉得，哪怕自己已经尽力了，但父母似乎还是不满意。这导致学习带给他们的只有挫败和自责。

那么，当孩子厌学时，我们应该怎么办呢？

首先，我们要停止对孩子的负面评价，孩子已经缺乏正向激励了，我们需要帮助他提振信心。哪怕他整天只玩游戏，也尽量不要再去刺激或责骂他了。相反，我们应该带孩子去户外运动，或者一起散散步、谈谈心，鼓励孩子把心里的想法和情绪都说出来。

其次，家长要勇敢地按下暂停键。如果孩子对旧知识消化不良，就不要急于灌输新知识。不用担心孩子少刷题就会影响成绩，真正重要的是孩子要能够学进去，这才是有效的学习。如果孩子已经消化不良、积食了，再继续灌输只会适得其反。

在孩子情绪稍微舒缓一些、愿意配合的时候，我们再重新开始规划学习。要以孩子能接受的方式慢慢来，不要急于求成。

也不用担心孩子一直不愿意配合怎么办。只要家长情绪疏通到位，让孩子感受到被理解，他们是愿意重新开始的，要相信孩子。重新开始的时候，先从课本内的知识学起就可以了，其他拓展内容可以先放一放。家长可以引导孩子成为你的"老师"，让他们给你讲解每一章、每一节、每一道题的内容。这样做有助于他们巩固知识、查漏补缺。

难度高的题目和拓展的内容可以先放一放。跟孩子一起制定一个稍微努力就能达成的小目标。比如上次没及格，这次就争取及格。当孩子真的考及格了，哪怕只是多考了一分，也要奖励他。仪式感很重要，要让孩子体会到进步的成就感和幸福感。这种积极的情绪会激发他们的学习兴趣和动力，推动他们不断前进。

不要拿自己的孩子跟其他孩子比进度，只要孩子今天比昨天好、明天比今天好，进步再慢也是向前的。假以时日，乌龟也能赛过兔子。

我们不断的认可和鼓励会让孩子觉得自己是可以的、能做到的，这样他才愿意继续努力。进步的过程可能缓慢而艰难，但家长要有耐心和信心陪伴孩子渡过这个难关。因为真正厌学的孩子，从厌学到愿意学，再到成绩提高，是一个持续而缓慢的过程，不是一朝一夕就能完成的，我们要给孩子足够的时间，并悉心陪伴他们。

　　最后，家长不要总盯着孩子糟糕的成绩，要放下对孩子未来的焦虑。孩子厌学了难道就意味着他们的天塌下来了，或者他们的人生毁了吗？当然不是。几岁、十几岁的孩子正处在成长的关键期，他们的人生才刚刚开始而已，每个孩子的未来，都有无限的可能。

4.5
被孩子"怼"到无语后，
我靠陪娃"翘课"一天收服男孩

居家上网课期间，有天晚上，胖豆悻悻地说："妈妈，我突然想起来，你上周答应要陪我逃学一天的，现在还没兑现呢。可马上要恢复线下教学了，看来逃学彻底没戏了。"我微笑着回应他："如果你豁得出去，我现在就可以履行我的承诺。"他小胖手一挥，有些犹豫地说："算了吧，逃学太不道德了。"

哈哈，看来这孩子心里还是有底线的。我说："那你可以把我这个承诺留着以后兑现，也可以把它兑换成别的愿望，选择权在你。"他眼睛一亮，回答说："那我换了，暑假我想去草原露营，看星星，吃烤羊腿……"

为什么我会欠下这样一个"陪他逃学"的承诺呢？这还得从之前

的一次小冲突说起。

居家学习期间，有段时间我们楼下一直在装修，嘈杂的声音导致我们根本没办法安心学习和办公。没办法，我只好带着胖豆去了附近的自习室。

那天，我跟胖豆约好各自完成自己的任务，互不打扰。他答应得很爽快，说除了学校的作业和课外学习任务，他还要编一个 24 点的小程序送给爸爸。上次父亲节送的小程序因为时间仓促，他觉得做得不太满意，答应重新做一个更好的给爸爸。

下午离开自习室的时候，我随口问了他一句关于学习进度的问题。

他兴奋地给我展示他编的程序，但当我问到学习任务的完成情况，他却突然沉默了，过了一会儿，他吞吞吐吐地解释，自己忘了查看老师布置的作业，也忘记带打印好的数学练习题了，学校的网课，他也没有按时听。

我尽量保持冷静，询问他："那你今天都做了些什么呢？"

他低声回答："我一直在编写那个 24 点的小程序，然后就忘记了其他的事情。"

我深吸了一口气，尽量让自己的声音听起来平和："胖豆，你知道今天是工作日，是居家学习的日子。你需要听课、写作业，这些都是你的责任。"他点了点头，表示明白。

然而，他接下来的一句话却让我瞬间炸毛："妈妈，我说句话，你不许生气啊。也许只有你觉得周一到周五必须是工作日、学习日。我同学的妈妈上周三就带他出去玩了，我们不是还在地铁口碰到他们了吗？上上周三他们还去了欢乐谷，玩到晚上10点多才回家，人家也一天都没学习。为什么你不能跟别的妈妈学学，也开明一些呢？"

我怒火中烧，严厉地训斥了他一顿。他表示回家之后就把网课和作业补上，但我知道他心里并不服气，于是我说我们都先冷静冷静，晚点儿再聊。我让他自己跟老师发微信道歉，并承诺尽快补交作业。

等我冷静下来，我对他说："儿子，咱俩来聊聊吧。"

确实，那天他完全没有把学业放在心上，我作为母亲，有责任进行教育。但我也在反思，为何当时没能耐心引导，而是情绪失控？很明显，他把我与其他妈妈做比较，这刺激到了我。

我坦诚地向他解释了我发火的原因，并表示我理解了他之前为何反感我总提及别人家孩子。我同样理解他迫切想给爸爸制作小程序礼物的心情，思念和表达心意本身并没有错。

看到我态度缓和，他主动抱了抱我，承认自己忘了听课和写作业，确实是自己做错了，更不应该在犯错之后还狡辩顶嘴，惹我生气。我表示这件事已经过去了，相信他以后不会再忘记学习了。

我试探着问他："你是不是很羡慕其他同学可以在居家学习日随意出去玩，而不用学习？"他犹豫了一下，回答说："是，也不是。我确实很渴望像别人那样，在居家学习期间出去疯玩，但你不许我那么做也没错，就像你们大人不能随意翘班出去玩一样。"

他顿了顿，又问我："妈妈，假如，我是说假如，你能翘班出去玩，你会不会很开心？"

我不能对孩子撒谎，于是坦言："我会开心，但前提是必须确保我手里的工作不出问题，这是我的责任。我不能因为自己的玩乐而让同事替我收拾烂摊子。"

他反应很快："那就是说，如果我提前把第二天的学习任务都完成了，或者我保证不影响当天学习任务的完成，那我是不是也能逃一天学？"我想了下，答应了他："如果你真的想体验一次，没问题，下周找一天时间，我陪你一起。"

听到这个答复，这个11岁的少年，兴奋得在沙发上上蹿下跳。待他安静下来后，他很认真地问我："妈妈，你这么重视我的学习，怎么会同意我逃学？""因为你的想法和感受同样重要，只要不是太离谱，都应该得到尊重。"我微笑着回答。

我进一步问他："你觉得哪些要求属于太离谱的范畴？"他立刻回答："我知道，我知道！比如在学校上课的时候，不能灵活安排上课时间，逃学就不对了，那就是对学习不负责任了。"

既然他明白边界在哪儿，我就不必多说了。作为母亲，我当然希望他在该学习的时间认真学习，该玩耍的时间尽情玩耍，但我也能理解他对偶尔打破常规的渴望。那么，破例一次又何妨？

我不希望他成为一个唯唯诺诺、不敢表达自己意见的人。那么现在，我就得给他足够的自由探索空间，在不过分管控的同时，保持亲子之间的呼吸感。

随着孩子的成长和变化，他每天都会面临不同的问题和挑战。作为母亲，我也需要在这些问题中不断学习和成长。

昨天还有效的教育方式，可能过一段时间就不再适用了。因此我必须随机应变，不断调整自己的养育和教育方式。这个过程漫长而充满挑战，出现不和谐的小插曲也是正常的。重要的是，要及时修复问题并时刻牢记：良好的亲子关系是所有家庭教育工作的基石。

4.6
"孩子犯错"是天赐良机！
让孩子快速学会独立解决问题的机会来了

2022 年暑假，我和胖豆踏上了云南之旅，但旅途却不像我们想象的那么顺利。

为了方便起见，我们预约了一位包车司机。可第二天出门的时候，却遇到了意想不到的麻烦。家门口的路堵死了，我们在路边等了二十多分钟，车还是没来。无奈之下，司机师傅发来了定位，让我们主动去找他。我起身查看方向，将包交给胖豆看管，并嘱咐他一定要看好行李，他满口答应下来。

没想到，胖豆却玩游戏玩得不亦乐乎，没顾上看包，仅仅几步之遥，我的包便不翼而飞。我俩的身份证、银行卡以及相机等贵重物品全没了。

尽管我过去多次强调责任心的重要性，胖豆在答应看管行李时也显得信心满满，但当他玩游戏入了迷时，还是将我的叮嘱抛到了九霄云外。

是手机的错吗？当然不是。是游戏的错吗？也不是。归根结底，还是责任心的问题。

那天，我情急之下骂了他，但我一点也不后悔。虽然很多育儿专家都说过，孩子犯错时，家长要注意控制自己的情绪，要先安抚孩子的情绪。但那一刻，我就是个普通女人，愤怒、慌张、不知所措充斥着我的内心，我哪里还顾得上那些育儿大道理。

胖豆很小便在意公平，所以我一直跟他强调，公平是双向奔赴的。既然他要求权利对等，那么相应的义务承担也应该对等。他必须为自己的错误承担后果和责任。与其对他讲一堆大道理，不如让他切实承担责任来得有效。

与大人共担情绪、接受批评，是孩子成长过程中必须面对和承担的后果之一。

胖豆从小到大没少被我批评，虽然这两年我一直在学习情绪管理，但在真的很生气的时候，我是绝对不会隐藏自己的情绪的。我会明明白白地告诉胖豆："这件事，你做错了，我真的很生气。"我不认为我装作不在意，去安抚他放轻松，他就能真的放松。

我选择坦白，将开心与不开心都写在脸上，因为我相信，胖豆也不愿意看到我假装不生气，他也一定能感知到我在生气。之前每当他犯了大错，都会拉着我说："妈妈，你骂我一顿吧，这样我会好受些。"要是我一直不发作，他反倒会忐忑不安，各种讨好我。

我要是真的数落他一顿，把事情讲清楚，指出需要他注意和改正的地方，然后宣告这件事"翻篇"了，他反倒放心了，能够迅速恢复开心的状态，哼着歌做自己的事情去了。

事实证明，由于及时处理了情绪，没有让情绪积压，所以事情过后，我俩的状态很快就恢复了，至少没有影响之后的旅行心情。接下来的丽江之行，我们玩得很开心。

我并不赞同那种孩子做错事说不得也骂不得，过度强调保护孩子心理安全感的做法。我认为，只要对事不对人，我们应该相信孩子是可以和我们共同分担和处理情绪的。毕竟，我们无法保证孩子一直生活在真空环境里。

作为父母，我们当然可以无条件地包容孩子的过错，温柔耐心、小心翼翼地呵护孩子敏感脆弱的小心灵。但是，在家以外的地方呢？学校、老师、同学，还有未来的领导和同事，都能无条件包容你的孩子，不管他做错什么，都会温柔原谅吗？显然不能。

也许，家里越是过度保护，孩子在外界环境中越容易失衡，越脆弱。

短暂的情绪释放后，我必须带他一起解决问题。我跟胖豆说："现在，我们要一起渡过难关，我需要你的帮助。我先报警，你想想还能怎么办。"

我报警的工夫，他上网查了当地相关部门的电话，并打过去尝试沟通求助。这让我感到很欣慰。

我俩一起上网查询接下来的旅程该怎么办，发现可以通过办电子身份证来继续行程。胖豆自告奋勇地按照流程办好了我们两个的网信卡，不仅速度很快，行动也很有条理。我们还一起计算了需要提前多长时间去火车站。

这次经历让我学到的新东西，他也同样学到了。相信以后再遇到类似的事情，他也能冷静应对、独立处理了。（当然，银行卡的网银挂失这类敏感操作我没让他参与。毕竟这小子觊觎我的存款已经很久了。）

从哪儿跌倒，就从哪儿爬起来，就没白摔！胖豆主动提出要赔偿相机损失，甚至愿意拿出他的压岁钱。这两天，他又假装不经意地问我："妈妈，我说了要赔你相机，你会要赔偿费的吧。"我说："我会的，不过精神损失费就免了，毕竟你是我亲生的。"他扭头就把这件事告诉了他爸爸。胖豆爸问我："你不会真要他的钱吧。"我告诉他，我会真要，胖豆出一半，我出一半。东西丢了，我俩都有责任。我并不是在乎这几千块钱，而是看重他愿意承担责任的态度。行动担责比口头担责更有效，只有让他真正感受到"肉疼"，他才会真正记住这次教训。

朋友得知此事后对我说："这次长记性了吧，下次别让胖豆背包了，小孩子不靠谱。"可我并不这么认为。以后，我还是会让胖豆拿包，甚至是一些重要的包。只不过，我会默默地多盯着点。（毕竟，东西丢多了我也承担不起。）

他总得学着靠谱，总要长大。我不能一直帮他拎包，也不能时刻守护他。他必须得学会自己守护重要的东西。

回程的行李，我是让胖豆收拾装箱的，他说："妈妈，你还放心让我做吗？"我说："当然放心，我相信经过这次的事情，你肯定成长了。"

他收拾好行李后，又把客栈的每一个角落检查了两遍，生怕落下任何东西。在机场候机的时候，分配给他的包他始终背在身上，我让他取下来先放在椅子上，他却说："不啦，万一再弄丢东西，我就破产了。"

这时，他突然转过头来很煽情地对我说："妈妈，我还以为你会因为这次的事情再也不会把包交给我了呢，谢谢你还愿意相信我。"

我笑着回答："你想得美，想让你老妈一个人扛起所有包，门儿都没有……"

孩子就是在一次又一次的犯错中成长的，我们要允许孩子犯错。因为孩子犯错的时候，恰恰是教育的绝佳时机——内疚和不安会促使他寻求帮助，而此时明白的道理可能会使他刻骨铭心。作为家长，要引导他们从错误中吸取教训，学会承担责任和解决问题。只有这样，孩子才能真正地"吃一堑，长一智"，不断取得进步。

4.7
男孩哭了不许批，哭是儿童的深呼吸，难道娃能戒了呼吸

有一次，我带着胖豆逛超市回来，路上碰见了一个 6 岁左右的小男孩在路边哭泣，小肩膀一抽一抽的。旁边站着他的爸爸妈妈，他爸爸正在严厉地训斥他："不许哭！怎么还不如个小姑娘，憋回去！你丢人不丢人！"

他妈妈则温柔很多："宝贝儿，别哭了，再哭就不是男子汉了，小超人是不会哭的！"

小男孩使劲把眼泪往回憋，却还是没忍住，号啕大哭起来。这时，他爸爸照着他的屁股"啪啪"打了几下，生气地说："说了男生不许哭，太没骨气了，你只要哭，我就揍你！"

小男孩被吓住了，只见他紧咬着嘴唇憋着不哭，小胸脯起伏得很

厉害。

胖豆看不下去了，一个箭步冲上去，对那个爸爸说："叔叔，你好不讲道理，凭什么男生就不能哭？"那个爸爸愣了一下，没理他。

胖豆急了："哭是儿童的深呼吸，不呼吸会被憋死的！"那个妈妈笑了，说："看看，被小孩儿教育了吧。"那个爸爸没吭声，拉着儿子走了。

胖豆依然气呼呼的，他问我："妈妈，凭什么说男生不能哭？"我乐了，开玩笑说："男生不能哭，但男人能哭，不是还有首歌叫《男人哭吧不是罪》吗？"

其实，在哭这件事上，大人和小孩是一样的，都只是表达"我不高兴，我难受"，并没有好坏之分。然而，很多家长却不允许孩子哭。

哭不可怕，对孩子的哭视而不见才可怕，尤其是对男孩。很多家长一看到孩子哭，就会用各种方式去制止他们，或粗暴或温柔。

我曾经也一样，最见不得胖豆哭，而且我的脾气还没那个妈妈好。我一直认为男孩要糙养，但糙养并不意味着要堵上他们表达情绪的通道。

胖豆从小很少哭，但一年级上学期有段时间却经常哭。每当看到他哭，我的本能反应就是让他先别哭，有事说事。我总觉得，都一年级的大男孩了，还哼哼唧唧的，多不爷们儿。可是，在这场拉锯战中，我原本就不多的耐心被消磨殆尽，情绪也越来越糟糕。胳膊是拧不过大腿的，他的哭是止住了，但你要问他为什么哭，他却说不出个所以然，弄得我更气不打一处来，事情就这么不了了之了。

直到有一天，胖豆的班主任发给我一幅胖豆画的画。画里下着雨，雨滴中夹杂着很多黑球。老师说胖豆说那些黑球是炸弹，提醒我重视一下胖豆的情绪。我顿感不妙：这是要出问题啊！

晚上，我耐心地问胖豆炸弹是什么意思。他刚开始还不肯说，只是敷衍我说随便画着玩的。我放低了姿态，请求"加好友"。

他见我态度诚恳，终于开始吐露心声。他说觉得自己心里有很多炸弹快要爆炸了似的，而且觉得身边有些同学也像炸弹，随时会在他身边爆炸。然后，他又看了我一眼，停住了。我秒懂了他的意思，我问他："是不是妈妈最近也像炸弹？"他点了点头，说："妈妈，你吼我、不许我哭的时候就像炸弹。"

我的心突然像被蜜蜂蜇了一下，被深深刺痛了。我抱了抱他，听他继续说下去。原来，那段时间，班里有几个男孩总是欺负他，老师处理后他们还是屡教不改。而我在得知这些事情后也没有重视，只是当成男孩间正常的打闹，每次叮嘱他几句也就过去了。

"你为什么不说呢？"我问他。

"妈妈，我每次哭着想跟你说，你都不让我哭，我想你可能也不想听，我就不想说了。"

漫天炸弹雨，居然有一颗来自亲妈，这让我陷入了深深的内疚。我郑重地向胖豆道了歉，尽管他是一个只要别人道歉就会原谅的孩子，但这一次，我却久久不能原谅我自己。

他的哭泣，是对我发出的求救信号，我的"不准哭"，堵住了他向我倾诉的大门，造成了二次伤害。自那以后，我还刻意去了解了孩子哭这件事。

其实，很多家长跟我一样，不能正确看待孩子哭，总觉得哭就是不好的。哭其实并不可怕，人在哭泣后，负面情绪会得到大幅度的缓解。眼泪中含有应激激素，哭泣时会随眼泪排出体外。此外，哭还有助于睡眠，无论小孩还是大人，大哭之后往往能更快入睡。

儿童教育专家金伯莉·布雷恩说："孩子任性、发脾气，是因为他们的生理和情感发育超过了自身的沟通能力。"孩子在需要被看到和被重视的时候，由于不知道如何正当表达诉求，就选择了用哭来表达。这背后隐藏的是他们的情绪和需求，以及希望得到大人的注意。

我暗暗发誓，以后，我一定不会对胖豆的哭视而不见！

从情绪低落到满血复活，其实并不遥远。胖豆上学期期末体育测试后，回家路上一直闷闷不乐，我刚一问，他就忍不住崩溃大哭。

我摸摸他的头，搂着他安慰道："儿子，别急，我知道你现在很生气很难过。你先冷静下来，再告诉妈妈发生了什么，我保证一定会帮你的。"他放声哭了一会儿后，逐渐平静下来。他说自己体育50米测试已经很用力跑了，结果却用了10秒56，成绩倒数，还被一名同学嘲笑为"跑不动的小肥猪"。

我捧着他委屈的小胖脸说："你没做错什么，不友好的是他。任何全力以赴都不应该被嘲笑，每个人的能力有大有小，你尽了自己的全力就已经很棒了。哪怕是最后一名，我也会为你点赞。"他听了我的话后抱了抱我，把头埋进我的怀里说："谢谢妈妈的鼓励！"胖豆的口头禅是"没有什么是一个冰激凌治愈不了的"，于是，我请他吃了冰激凌，他很开心。

晚上睡觉前，胖豆贴着我的耳朵说："妈妈，体育老师说，对自己成绩不满意的每天早上 8 点前都可以去找他重新测试。我明天想去试试，你早点叫我起床。"

第二天，胖豆早早地去了学校。二十分钟后，我接到了他用电话手表打来的电话，电话那头的他喘着粗气说："妈妈，我今天把外套脱了，想着减轻点负重，能跑得快一点，但是只进步了 0.2 秒！"我鼓励他说："0.2 秒也是进步啊，你赢了昨天的你，真棒！"

在接下来的几天里，胖豆每天早上都去操场重跑，而且每天都在尝试新方法，比如先热身跑两圈再参加测试，或请班里短跑成绩最好的同学陪他一起跑，还承诺请人家吃烤冷面。

虽然最终的成绩还是没有跑进 10 秒内，但他从 10 秒 56 提升到了 10 秒 1，这 0.55 秒的进步是他这一周全力以赴、坚持不懈的结果。而这一切，都发生在他崩溃大哭后的短短几天内。

孩子的情绪需要被看见。他们的哭泣，有时并不是要我们为他们处理什么事情，而是希望我们能理解他们的感受，帮他们处理情绪。

当他们的情绪和脆弱被温柔以待，他们往往会更有信心和勇气去面对问题，寻找解决的方法。

因此，当孩子哭泣时，他们需要的不是大道理，更不是大声呵斥或置之不理，而是被看见、被安抚、被理解。作为家长，我们要看见他们负面情绪背后的原因，并做出正确的引导。

我们不必刻意去制止孩子哭，可以先温柔地抱着他们，让他们的情绪"飞一会儿"，尽情释放一下；或者跟孩子一起深呼吸，播放孩子喜欢的音乐。等他们平静下来后，我们再耐心倾听孩子的心声，了解他们内心的郁闷和烦恼。

针对不同孩子的性格特点，我们可以采取不同的方式来帮助他们排解负面情绪。比如好动的孩子可以让他们去运动一下，喜欢音乐的孩子可以让他们听听歌。而对于胖豆这样爱吃的孩子，来块甜点都是一个不错的排解方法。

余华曾说："一个人的童年是决定他一生的。"为人父母，我们都希望孩子拥有一个快乐的童年。而允许孩子自由哭泣、理解他们的情绪并给予支持，或许是让他们快乐成长的重要一步。

4.8

父母进退有度科学放手，
才能助男孩蜕变成雄鹰

前年夏天，胖豆如愿以偿地进入了我们心目中最理想的中学。更令人开心的是，他还和好朋友分到了同一个班级。接下来的几年，有好兄弟一路陪伴，青春期不会孤单了。一切都是最好的安排。

当然，除了开心，压力也不小。高手云集的地方，更考验的是家长和孩子的心态。大多数孩子都需要去适应从"在原来学校优秀得很明显"到"在现在学校平平无奇"的巨大心理落差。如果不好好调整心态，孩子很容易陷入焦虑。

但我不用担心胖豆，我只需要调整好我自己就行。不是因为他实力够强，很明显，他已经被很多优秀的孩子"碾压"了，而是因为他是那种能够站起来膜拜别人、情不自禁给人鼓掌的孩子。他还会情不自禁地发出一声惊叹："哇，他们也太厉害了吧！佩服佩服！跟他们站在一起，我莫名就有自豪感……"然后，就没有然后了，他依然没心没肺地快乐着。

别的同学出来激动讲述的是新老师、新同学、新校服、新学生证、新教学楼如何如何。只有他，激动的是终于拥有了自己的饭卡，获得了自由点餐权，开启了想吃啥就吃啥的快乐日子。他每天纠缠我到底给他每顿二十块还是三十块的问题，说十块是万万不行的，那样就感受不到我对他的爱了。

他一再强调："妈妈，你对我的爱有多深，都藏在这张饭卡里了。"母子之间最遥远的距离，大抵就是：我担心他飞得高不高，累不累，而他只关心饭卡里的钱够不够。不过也挺好，至少我不用花过多的时间和精力去做啥心理建设了。

我认真思考了一下，新的学段，我到底应该以怎样的姿态存在，我之后最该做的事情到底是什么。这几年，我对胖豆的学习和日常活动介入得很深，我工作之外的时间几乎都在陪读。我才发现，当一个好妈妈才是我这些年做过的最具挑战性的工作。不分昼夜、全年无休，需要耐心、毅力、体力、知识、文化、修养以及沟通的艺术，缺一不可。

累吗？真心累！值得吗？谈爱，就不能算估值。我还要继续像小学阶段这样深入介入吗？我的答案是：不要！我现在最想做的一件事就是学会放手，有序退出。

成长与分离是对同一件事不同主体的描述，对孩子而言是成长，对父母而言是分离。

分离的过程对于父母来说更难。比起关爱和管教，放手更考验父母的心理素质。抽离的分寸、尺度、速度都很微妙。

我目前理解的放手，不等于不爱，不等于不关心，不等于不帮忙。放手也不是快刀斩乱麻，而是循序渐进地从孩子身边抽离出来，淡化自己对孩子的影响。

我们要慢慢学会抽离他的事务，只在他需要的时刻提供关心、帮助。在他陷入混沌、辨不清方向的时候，帮他点一盏路灯。

出于尊重胖豆的独立要求以及我自我突破的需要，他进入中学后，我提出了约法三章：

第一，他不求助，我不主动帮助，他的事情他自己负全责；

第二，他有求，我未必全应。既然相对独立，那么他力所能及的事情我不会帮。除此之外，我也需要评估我是否有时间、精力。

第三，我们双方都要遵守好的沟通方式：确认差异而非消除差异。

他再三确认："你真的什么都不管我了？"

我说："那倒也不是，违法乱纪的事情，容易让青少年成瘾的东西，比如过度玩游戏、刷短视频，我还是会管的。我不能让你还没懂得内啡肽的快乐，就被多巴胺搞得五迷三道的。"

胖豆"被独立"之初，迟到了好几次，还忘了两次作业，因为作业是一周交一次，他忘记了截止日期。还有一次，他忘记找我签回执了，我在班级群里看到了，但我忍住了没有提醒他。

他提出让我继续喊他起床，说他起不来会迟到，还委婉地表示，有些重要的事情还是希望我能确认下他有没有完成。比如像这次古诗讲解，他就忘记了准备 PPT，现场演讲时虽然讲完了，但慌得汗都出来了。

我温和地拒绝了他的请求，明确这是他的任务，不是我的。我也请他尊重我不想再当"人肉闹钟"的决定。以后，不打扰就是我的温柔。

他不爱吃的菜，我也不再劝他吃。我尊重他的选择，不喜欢吃我做的，就自己去做喜欢吃的。

他赌气自己去做了一次之后就不再做了，嬉皮笑脸地说我做的凑合能吃，就不麻烦自己了。

…………

分离的过程确实需要我们有决心，甚至有时要下点狠心。

这让我想起之前看过的小鹰学飞的视频。小鹰在学习飞行时，老鹰父母会逐渐丢弃巢中的羽毛、茅草和小树枝，让鸟巢变得越来越不舒服。最后，它们甚至会把整个巢都丢掉。失去巢的小鹰只好蹲在光秃秃的树枝上学习如何飞行。

如果小鹰胆怯不敢飞，老鹰父母就会把它推出巢去。如果小鹰没有展开翅膀飞起来，老鹰父母就会飞过去托起它，再把它带回巢里，直到小鹰学会飞行为止。

孩子要学会独自面对生活和学习中的挑战，就像小鹰学飞一样。如果孩子缺乏自驱力和独立性，那么到底是因为他学不会，还是我们没有放手让他去独立试错？答案我们都很清楚，只是很难做到而已。

我理想中的母子关系是像朋友一样互相陪伴，共同成长。他不需要我为他牺牲我的人生去成就他的未来；我也不需要他未来竭尽所能回报我曾经的付出。我们互相陪伴，互为心理依托，但又相对独立。

我是胖豆妈，但我也是大梦姐；我也想成为更好的自己，拥有自己的姓名。

在他最需要我的这几年，我倾注了大量时间和精力去陪伴他成长，并尽我所能托举他、支持他。下一个阶段，我想要留出更多的时间给我自己，去努力实现我的人生价值，并享受舒适惬意的生活。

我相信，孩子其实并不希望看到父母把他当成生活的全部而失去自我，那会让他们产生心理负担。我也不想成为他的心理负担。

我希望他看到我们夫妻和睦，家庭幸福，生活轻松有趣。我跟他爸爸各自有热爱的事业，有自己的社会角色，我们始终保持积极、乐观、健康的心态，并会为此一直努力。

他也一样，他也要勇敢、乐观地踏上属于自己的人生道路，披荆斩棘，勇往直前。他必定会犯错，人生不可能永远一帆风顺，一定会遇到各种挫折和挑战，但我会告诉他："别怕！我们一边犯错，一边长大。真遇到大风浪了，更别怕，因为爸爸妈妈始终在你身后，在你需要我们的每时每刻。我们只是换了一种方式去爱你，守护你。"

4.9
和孩子有话不好意思当面说？
悄悄写信给他，保证亲子关系快速升温

我和胖豆爸约定，无论工作多忙、在哪里出差，儿子生日那天必须赶回来，一家人整整齐齐地拍张照片。

这样做的初衷很简单，只是想在儿子 18 岁的时候，将这些照片编辑成册，作为他的成年礼物。胖豆爸开玩笑说："你干脆在他婚礼上送，那样更煽情。"哈哈，他的婚礼我就不抢戏了，还是做个有分寸感的婆婆。

然而，随着时间的推移，我越发坚定地要将这件事做下去。每当我感到大脑一片空白的时候，我就会跟他们打趣，说自己离老年痴呆不远了。我想，假如有天我真的老年痴呆，连儿子都不认识了，我还能找出什么印记，去提醒我曾那么用力地爱过他。

其实，我从胖豆出生前就开始给他写信了。那时的一切都很简单，没有学习期待，也没有世俗规则，只有世界上最幸福的准妈妈对即将降临的天使的翘首企盼。

但随着孩子一天天长大，我们的期待也水涨船高了起来。很多小小的进步常常被忽略。尽管我经常反思，却又总是忘记，忘了我们最初那质朴的愿望其实很简单。

对孩子的期待越来越多，不满也越来越多。我们甚至在夸奖孩子的时候，都会不自觉地附带一个新的期许。我们似乎已经忘记到底有多久没有跟孩子说过"谢谢"了——谢谢小小的他一次次努力让我们开心快乐。

如果时间允许，我真的建议所有家长多给自己的孩子写信。有些话语我们平时可能说不出口，但借助文字的力量，我们可以将内心深处的情感真切而感人地表达出来。每次读完我的信后胖豆都会拥抱我，好多次还湿了眼眶。

而他也经常给我写信，每次读到他的信我也会很感动。这样的交流让我们的亲子关系得以持续和谐和甜蜜。这真的是一座增进亲子关系的桥梁。

4.9.1 我写给儿子的信

亲爱的儿子：

感谢！

我感谢你 10 年前在天上找妈妈时选择了我。

我感谢你2岁时喊出的第一声妈妈，让我足足高兴了好几天。

我感谢每次妈妈疲惫不堪的时候，你用胖乎乎的小手捧着我的脸亲吻我，妈妈瞬间就被治愈了。

我感谢你经常从幼儿园带回舍不得吃的水果给我，虽然水果是凉的，但妈妈的心是暖的。

我感谢你趴在我耳边，奶声奶气地说："妈妈，告诉你一个秘密，我觉得你是世界上最好看的妈妈。"

我感谢你曾那么自信地说："妈妈，今天我表现很棒，只被批评了一次。"虽然信息量好大，但妈妈还是很开心，因为你的诚实和努力让我骄傲。

我感谢你满是"火柴人"的画里，总有我们一家三口，而且画面好大，让我的心都快装不下。

我感谢在我生日时，你用一周的课间为我叠的那99只蓝色的千纸鹤，还有母亲节时，你"负债"买给我的项链。

我感谢你通过努力换回来的一张张证书，它们不仅证明了你自己的实力，也给了我莫大的安慰。

我感谢你每次没考好时，都能保持乐观和坚韧，像灰太狼那样喊出口号："没关系，我一定会回来的！"

我感谢你在我要求你成为别人那样的儿子时，却从来没有要求我成为别人那样的妈妈。

我感谢你包容了妈妈所有的坏脾气，即使我前一秒刚揍了你，后一秒你也总是毫不犹豫地原谅我，还说我是世界上最好的妈妈。每到这时，我就会无地自容……

我"妈龄"也不长，我也会犯错，我也是头一回当妈妈。

很多时候，我也缺乏经验，感到弱小无助。

其实你已经很棒了：你善良、勇敢、正直、乐观、积极、上进、暖心、可爱、包容、大度……你拥有非常多可贵的品质，请继续保持这份勇敢和自信。

如果美好的愿望都可以成真，我会把字典里所有的祝福都用在你的身上。

我曾问你，有什么愿望。你笑着回答："我要成为一个好男人，我不再是小男孩了。"

我笑着问你什么样的男人才算好男人，你说要高大、帅气、全能、浪漫，还反问我："妈妈，我爸既不高大也不帅，还嘴笨不浪漫，你当初怎么就看上他了呢？"

如果是在平时，我可能会开玩笑说："可能我年轻的时候眼神不好吧。"但今天我想认真地回答你。

当年我和你爸爸买房时钱不够，最困难的时候，你外婆想帮我们借钱。

你爸爸知道后坚决叫停了，他坚决地说："再难也不能为难老人，我自己想办法。"他真的一个人扛起了所有责任！那一刻的你爸，高大帅气无比！

由于工作性质，妈妈经常加班到半夜；但我加班到几点，你爸就会陪我到几点。

妈妈怀你的时候，每到产检日你爸爸凌晨 3 点就起床，去医院排队挂专家号，回来的时候，再从怀里掏出一杯妈妈爱喝的热豆浆；每次我们吵架都是我赢，因为他永远是那个先来道歉的人……这是你爸爸无声的浪漫，我能懂。如果你还不懂，不着急，以后你会懂的。

但请你务必牢记：不管是高大、帅气还是全能、浪漫，都只是一个男人外化的吸引力，绚烂，但不够硬核！真正的好男人是负责任、有担当、会行动的人，这样的人最让人心安！

写到这儿，风沙迷了妈妈的眼睛。你总说我是世界上最好的妈妈，而我却一直希望你变成更好的儿子。

其实，我已经拥有最好的儿子了。

虽然你不完美，经常淘气，喜欢挑战规则，但是你善良、勇敢、正直、乐观、积极、上进、暖心、可爱、包容、大度、坚持……你拥有非常多可贵的品质，你已经非常棒了。

不是你不够好，而是我要求太高了。妈妈总是不由自主地把目光聚焦在你暂时不够好的习惯上，着急想改掉它们。

但其实，真正应该改变的人是妈妈。我并不是一个完美的妈妈，我也有很多让人难以忍受的缺点，比如脾气暴躁。尽管这几年我一直在努力改正，但有时还是没能忍住。可你无条件包容了妈妈生气时所有的口不择言。

在当妈妈的这些年里，我犯了无数的错，今天，妈妈郑重真诚地向你道歉。

所以，儿子，你愿意帮我成为更好的妈妈吗？我真的非常需要你的帮助。

永远爱你的妈妈

4.9.2　儿子写给我的信

我最爱的妈妈：

女神节快乐，爱你哟！

我本来想悄悄折66只千纸鹤给你，祝你六六大顺。前天我把瓶子都买好了，可昨天作业实在太多了，你又督促我必须在9点多上床睡觉。我实在没找到机会折千纸鹤，真可惜我这美妙绝伦的计划了……

我只能在厕所偷偷折了几只（嘿嘿，一份有味道的礼物），聊表我的心意。但我还是觉得这心意太浅了，所以今天早上想请我爸帮忙订一束鲜花给你，可他却说他本来也想送你花的，我不能抢了他的表现机会。

我有些不服，送花又不是他的专利。

我俩对峙了很久，最后决定各送一束。希望你更喜欢我送的那一束，你一定能猜到哪束是我送的吧？

爸爸昨天给我看了你20多岁时的照片，那个时候的你好年轻，好瘦，好漂亮，好有型啊！

我突然感到很内疚。如果不是我太淘气，你应该一直都是那个花季少女，不会变老，没有烦恼，也不会变胖吧。

妈妈，其实我不想让你为我当超人，我想让你当公主、做女神。

永远爱你的儿子

第 **5** 章

令行禁止篇
特别的男孩，需要特别的高招

5.1

赖床克星:
你家娃赖，他家娃赖，我家的却不再赖了

从赖床不起到每天早起跳绳两千下，我是怎么成功改变磨蹭娃的？

妈妈们都深有体会，叫男孩起床可不是件容易的事，我经常能听到这样的吐槽："天天赖床，怎么叫都不起，好不容易起来了还磨磨蹭蹭的，穿衣服、洗漱、吃早饭，步步都像开了慢动作！"

值得骄傲的是，胖豆在这方面做得很好。自从升入四年级以来，他每天六点半闹钟一响就起床，然后有条不紊地度过接下来的晨间时光：听书 20 分钟，洗漱 5 分钟，跳绳 15 分钟，背诵古诗 10 分钟，最后用 20 分钟吃早餐。七点四十，他准时背上书包出门上学。

如今他上了初中，虽然到校时间改成了七点四十，但他依旧保持

着这一良好的晨间习惯，只是取消了听书环节。

整个过程都是他自己一气呵成，而我只负责做顿美味的早餐。

你或许会羡慕我，居然拥有一个如此自律、不贪睡的孩子，但你知道吗？胖豆曾经也是一个标准的"睡货"，春困、夏乏、秋盹、冬眠，"赖床"似乎是他与生俱来的标签。

记得三年前，每天早上我们都要进行一场"起床大战"。我会以各种温柔的方式叫胖豆起床："宝贝，起床喽！"胖豆不理我，我就趴到床上，在他耳边轻声说："太阳晒屁屁喽。"然后我激动地看到他动了，我以为他要起床，但他只是翻了个身。我这个人肉闹钟存在的意义，就是让他换个姿势继续睡。

我开始拍他的屁股，催促道："起床起床，再不起就来不及了。"他终于开启了每日例行的第一句话："我再睡五分钟。"我的耐心一点点消磨殆尽——我准备掀被子了。

起初，他还会炸一下毛："妈妈，你侵犯我的隐私。"但渐渐地，他越来越麻木，任由我掀被窝，就是一动不动。直到我的语气开始变得急促："你到底起不起？不起拉倒，饭也别吃了，学也别上了，咱就一直睡吧，千万别起！"

这时，他会像电影《疯狂动物城》里的树懒"闪电"一样，慢吞吞地坐起来，眼皮都不抬地回应我："妈妈，我是想早起的，但我的床和被子不愿意啊，你叫三声'英雄哥'，我就努力挣脱它们。"我无奈地笑了笑，说："好吧，英雄哥，快起来啦！"

我已经在很努力地克制自己的情绪了，没想到他还得寸进尺。"妈妈，我还是起不来，你才叫了一声。""别废话，赶紧起床！晚上死活不睡，早上死赖不起，你是不是欠抽！"我承认我又暴躁了，内心的小火苗已被点燃，就算他喊我三声"柔妈"也浇不灭了。

终于，胖豆极不情愿地从床上爬下来，嘴里还嘟囔着："起就起嘛，凶什么凶！"这时，我才转身去厨房烧水，准备早餐。

几分钟后，我以为他都穿戴好了，再进来时却发现他还穿着睡衣站在衣柜边发呆。"你在干吗呢？"我大声问道。他显然被我的声音吓了一跳，还拍了拍自己的胸口说："我在想穿什么会更帅气一些呢，妈妈。"

我看了看时间，已经七点二十了。"你知不知道现在几点了？还有 20 分钟你就要出门了，现在你衣服没穿，牙没刷，脸没洗，饭没吃……""好啦，知道了！"他被我说得有些不耐烦了，开始加快动作。

接下来，就是火烧火燎的紧急状态了。我一边煎着鸡蛋，一边不时地催促胖豆。他狼吞虎咽地吃着早餐，有时没吃完还得带着走。好不容易背上书包，他又开始找红领巾，有时在卧室转了三五圈才发现就在床头压着。

终于可以出门了，他又突然冲向厕所，大喊："不行了，我要大便！"

我常常想，到底是什么样的因结出了赖床的果？如果说起床是一种能力，赖床是一种技术的话，那么胖豆能力没有，技术却很高明。那段时间，他每天都能成功地"引爆"我，让我开启新的一天时就充满负能量，既影响早晨的心情，还影响白天的工作和学习状态。

忍无可忍，就无须再忍！他成功地挑起了我的斗志——我就不信了，我还治不了个"赖床"吗？于是，我和胖豆爸认真分析了他赖床的原因。

第一，前一天晚上睡太晚。人在起床前会经历从深度睡眠到浅睡眠再到清醒的过程。如果我们恰好在孩子浅睡眠的时候叫醒他，他就会比较愉快地配合起床。但如果我们在孩子深度睡眠的时候叫醒他，孩子就容易赖床，甚至发脾气。

第二，胖豆对具体的时间没有概念。虽然他表示也怕迟到，但是他不清楚自己完成每个事项需要花费多少时间，一不留神就超时了。

第三，他对我们千篇一律的叫醒方式已经免疫了。我们每天重复着从"宝贝"到"滚起来"的割裂操作，他已经对"宝贝"的呼唤无感，反而从我们的怒吼中感受到了侵犯。

第四，衣物用品的无序也浪费了很多起床时间，在有限的时间内，他需要思考穿什么，再从一堆衣服中现找，再到处去找红领巾。这些都消耗了很多时间。

第五，胖豆没有享受过早起的"红利"，没有找到早起不磨蹭带给他的积极能量。

挖出了胖豆赖床的原因，接下来就是制定行动战略来直攻"赖床高地"了。

我跟胖豆约法三章。首先，规定前一天晚上九点半必须睡觉，既然赖床的主因是没睡够，那早睡就必须执行到位。要提高学习效率，保证九点半上床睡觉，就算偶尔一次作业没完成，也必须遵守这个铁律。

关于作业问题，其实孩子们比家长更怕完不成去学校交不了差。有过一两次没完成作业的窘迫，他们自然而然会在下次更加抓紧时间。此外，一旦养成了早睡早起的习惯，孩子们的精力也会更加充沛，学习效率也会随之提高，这样一来，作业写不完的情况基本上就不会出现了。不信大家可以试试看。

为了确保胖豆能够早早入睡，我们约定他要在睡前冲个热水澡，再喝杯热牛奶，这些都有助于睡眠。胖豆小时候不爱洗澡，每次胖豆爸叫他洗澡就跟我叫他起床一样一样的。

后来，胖豆爸无意间自创了一个叫"打水仗"的集结令，没想到这个号令竟然屡试不爽。

那天，胖豆爸故作神秘地对胖豆说："今天我也不想洗澡，但是别告诉你妈妈，我们俩偷偷进去打个水仗就出来吧！"胖豆一听打水仗，兴致勃勃地就答应了。于是，父子俩穿着衣服，拿着喷头互相一顿狂喷，玩得不亦乐乎。

打完水仗，胖豆爸说："咱们出去吧。"胖豆却不乐意了，抱怨说："衣服都湿透了，这么出去多难受？"然后，在胖豆的坚持下，胖豆爸"勉为其难"地陪他冲了个澡。从此，"打水仗"成了他们父子之间屡试不爽的经典活动。

同时，为了提升早晨的效率，我们在睡前为他准备好第二天要穿的衣服和书包。我们尊重他的穿衣自由，让他自己挑选喜欢的衣服，但前一天晚上就要挑选妥当，并放到床头柜上。红领巾、水壶等必需品则和书包一起放在书桌上，一切井然有序。

我还摸索出了新的叫醒方式——打开窗帘，在旁边播放他最喜欢听的内容。光线可以非常好地唤醒孩子的大脑，声音也能刺激他快速清醒。在播放内容上，我通常是放胖豆喜欢听的故事或者喜欢看的动画片的声音。

如果你想让孩子七点起床，那么故事的声音六点半就要开始播放。利用中间的这半个小时，让孩子从深度睡眠逐渐过渡到浅睡眠，最后清醒过来。

与之前催促吼叫的方式相比，这种方式能够让孩子在聆听故事的过程中自然醒来。起床后，他还可以继续听这个故事，边听边刷牙、洗脸、穿衣服，胖豆非常享受这种过程。

当然，播放的内容还可以跟孩子提前商量，根据孩子的兴趣来定。比如，胖豆最近迷上了物理，我就找了《量子力学外传》的音频给他听。他听得非常入迷，经常洗漱时还带着音箱。

为了培养胖豆的时间观念，我们为起床后所有的任务都设定了倒计时，比如听书、洗漱、背诗、跳绳等。如果他能在规定时间内完成所有任务，我们会及时给予奖励。胖豆是个小"吃货"，所以当他按时完成任务后，早餐我会给他加根肠。

此外，我们还为他设立了积分制度和自制电子兑换券，他可以通过完成任务来获得积分或兑换券，然后定期兑换自己喜欢的奖励。

刚开始训练的时候，胖豆对时间的把握还不是很好。但随着时间的推移和不断的练习，他逐渐学会了如何在规定时间内完成任务，并形成了肌肉记忆。

现在，三年过去了，胖豆依然坚持得很好。每天早上，窗外，阳光正好；窗内，早起的鸟儿欢乐多。

所谓成长，不过是多了一个渴望——不想总在温柔与炸毛之间来回切换。当家长愿意花心思、尝试新手段，帮助孩子跨越从"我想但我不能"到"我能"之间的鸿沟，就能叫醒仍想赖床的孩子。

5.2

游戏终结者：
那个被游戏"抢走"的孩子，又被我抢回来了

之前，我提到胖豆曾沉迷于游戏，我用了几招，成功地将他从游戏的魔爪中抢了回来，而且我们的亲子关系因此变得更好了，一年过去了，他也再没被游戏"抢"走过。

可究竟为什么孩子会沉迷游戏呢？游戏到底提供了什么是我给不了的呢？要想百战不殆，必须知己知彼！

凡事有因才有果，一切不问缘由的"纠错"都是假把式，治标不治本。

孩子为什么痴迷游戏？往往是因为他们在现实世界中缺乏自由和掌控感，以及成就感，而这些在游戏里统统都能获得！那段时间，胖豆沉迷于一款名为《我的世界》的游戏。我决定和他深入聊聊。我很

认真地对他说："我想听你聊聊你喜欢的游戏，我保证不随意打断，也绝不生气，你想说什么都可以。"

他一脸惊讶地看着我，同时眼神中又透露着欣喜与渴望："妈妈，你真的不会骂我，愿意了解我的世界吗？"我跟他拉了钩。

然后，他开始了滔滔不绝、绘声绘色的演讲。我全神贯注地倾听。通过他的描述，我了解到，他在游戏中享受的是那种天马行空、自由发挥的创造自由，以及随心所欲破坏的快感。在那里，他是主宰，他的世界他做主。

我承认，在现实生活中，这些我都没有满足他。一边是充斥着管束与学习的现实世界，一边是有趣好玩的游戏，如果你是孩子，你会怎么选？

爱玩，爱自由，追求成就，这些都是人的天性。人的本性就是趋利避害，自然会选择轻松、有趣的一方。成年人尚且做不到意志始终坚定，何况孩子呢？

当你愿意静下心来，认真聆听孩子讲述心中的热爱，他就会告诉你内心最真实的想法。我问胖豆："你为什么总是玩游戏，你也可以来找我们玩啊，我们也在家呀。"

胖豆委屈巴巴地说："你们是在家，可是你跟爸爸都忙着工作，没人陪我玩，每次找你们，都说等忙完了陪我玩，但我不能只跟乐高玩吧。"这让我意识到，玩游戏的孩子可能只是想在被我们大人冷落时，给自己找个乐子以作情感慰藉而已。

孩子沉迷游戏的另一个重要原因是，同学们都在玩，他不玩就没有共同话题。与我们小时候只能跳皮筋、跟同学疯跑不同，现在的孩子生活在网络时代。家里不让玩游戏，他就能真正远离游戏了吗？很明显，不能！

胖豆的同学群里，各种游戏分享满天飞。你还不能没收他们的手机，因为每天都有学习任务要打卡。孩子们课间的话题也总是围绕游戏展开，你不玩游戏就没法参与小伙伴们的讨论。

人是社会性的动物，没有人喜欢被孤立，孩子也不例外。在深入了解我的"对手"——游戏后，我倒吸一口凉气，意识到：我的对手并不是游戏本身，而是人性。要是逆人性硬刚，能赢才怪！

最高明的"抢"就是不抢。我闺蜜给我讲了一个她老家孩子的故事。这个孩子的父母都是学校的金牌老师，他们秉持着"学习至上"的教育原则，这个孩子几乎从小到大没有玩耍过。

孩子没有悬念地考上了北京的一所985高校。然而，就在大家以为他从此高枕无忧时，却爆出了他用假毕业证找工作的消息。原来，离开父母后，从没玩过游戏的他，陷入游戏世界里不能自拔，导致多门功课挂科，最终没能毕业。

虽然这个故事可能只是个案，但也说明了一个问题：我们越是不让孩子做的事情，一旦有机会解禁，孩子往往会更加沉迷其中。逆反心理是人性的一部分，与其硬碰硬，不如试试以柔克刚。

在跟胖豆爸促膝长谈后，我们决定改变策略：不再将游戏视为敌人，而是理性看待它，跟它和平相处。再好玩的游戏最多也就玩几年。回想我们那些年半夜爬起来偷过的菜，还有《愤怒的小鸟》《开心消消乐》……哪一款游戏我们现在还在玩？没有永远的游戏，但我们永远是他爸妈。

我们开始把游戏看成胖豆非常喜欢但会让他发胖的冰激凌和可乐——适度享用可以带来快乐和解压，毕竟，生活需要有些甜，才能承受有些苦；但过度摄入则对健康有害。

要攻心，而不是抢人。那么多的益智游戏，为什么不去玩？总有一款孩子会喜欢。深入走进游戏世界，我们会发现，游戏并不是百害而无一利的，适度玩游戏可以锻炼孩子的想象力和逻辑思维能力。关键在于，如何引导孩子正确对待游戏并从中受益。

为了拉近与胖豆的距离，我们向他纳了"投名状"。胖豆爸购买了正版的《我的世界》游戏，我们全家一起联机玩。当胖豆听到这个消息时，我原以为他会欣喜若狂，甚至跳起来，然而，我看到的是他瞬间掉下来的眼泪，他跑过来拥抱了我俩，说"谢谢爸爸妈妈"。

我懂他的意思，他想感谢的，其实是我们终于愿意走进他所热爱的世界，不再把他喜欢的游戏批判得体无完肤。

最好的抢，是抢回孩子的心。在胖豆构建的虚拟世界里，他是我的靠山、我的保护伞；他会帮我抵挡危险和攻击，会为我打造最漂亮的钻石铠甲，而我则成了一个只会砍树的无名小卒。

陪孩子一起玩游戏，既拉近了亲子关系，也让他无须在你看不见的地方偷摸玩。毕竟，如果可以选择正大光明，没人愿意偷偷摸摸。

如果他喜欢的游戏刚好是一些有毒害的游戏，要记住，强行禁止并非上策，更有效的方法是让他自行厌倦。我们可以为这款游戏设置任务，明确目标，如要升级到什么段位，并严格要求他完成任务。如果没完成，一定要说清楚原因，并总结经验教训。当他再玩游戏的时候，你就在旁边不停地对他的操作指指点点。相信我，要不了几次，他就会告诉你，他觉得那个游戏不好玩，他不想再玩了。

虽然家长和孩子都可以和游戏和平共处，但凡事都需要有度。与游戏和平共处的前提是要设置合理的限制。长时间玩游戏不仅伤眼睛，还容易上瘾。所以，设定时间限制还是很有必要的。

我们规定胖豆每周末有一个小时的游戏时间。他可以选择与爸爸妈妈或者同学联机玩，但不允许与网外的陌生人联机。因为有些陌生玩家满嘴脏话，我们必须屏蔽掉这些人。限制清单的要求必须做到，一旦做不到，我们就会惩罚他停玩一次。

所以，胖豆每次玩游戏时都特别有时间观念，尤其是快到时间时，他会频繁查看时间，一到点就立刻退出，非常干脆利落。

同时，我们以孩子喜欢的游戏为支点，引导他寻找新的兴趣，发展新的特长。胖豆每次玩《我的世界》时，都会感叹这是世界上最好玩的游戏，并无限崇拜发明这款游戏的人。

我们鼓励他："你想不想未来也能创造一款游戏，让别人来喜爱和赞叹你的作品呢？"他兴奋地回答："当然想啊，可是怎么实现呢？"我们告诉他可以通过学习编程来实现这个梦想。于是，他天天追在我们屁股后边，让我们给他报名学习编程 C++。

兴趣是最好的老师。我们也没想到，当初的无心之举，竟然无意间发掘了他在编程方面的天赋，并为我们带来了接二连三的惊喜——他在多个编程竞赛中斩获大奖，让我们倍感骄傲。

随着他开始享受编程世界里的创造乐趣，他提及游戏的次数越来越少。因为他在新的"我的世界"里，也找到了快乐和成就感。

我那曾经一度被游戏抢走的儿子，不知何时，已经以更好的姿态，悄然回归。

5.3

粗心的解药：
粗心是一种很玄的病！我有秘方，你有娃吗

每次胖豆没能拿到一百分，他都追悔莫及："我真是太粗心了，明明都会做的！到嘴的鸭子又飞了。"

回想起胖豆前些年，尤其是一二年级的时候，查看他的扣分项总能让你分分钟血压飙升。他经常把数字写错，横式是 1，竖式就莫名其妙变成了 2。他还经常漏题，尤其是语文阅读理解中要求用波浪线画线的句子，他总能神奇地漏掉。有时候字只写了半边，或者忘记标音标，更可气的是，还有的题答案写一半漏一半。儿子啊，粗心是一种病，咱得治啊！

定点敲打法、言语刺激法，甚至崩溃疗法，我全都试过。但除了让儿子不爽、妈妈不快，似乎别无他用。

此路不通那就换条路重新出发吧，哪个妈妈不是百炼成钢的！放弃自己有可能，放弃儿子那是绝不可能的！昨天被击倒，还嚷嚷着"谁爱管谁管，反正我是管不了"，今天就能满血复活，继续战斗！

治病得治本，要想解决粗心的问题，首先得找到病根儿。我认真地把他的很多试卷放在一起进行仔细分析，发现导致他粗心的原因主要有以下几点。

- 知识掌握有缺陷，不够扎实。比如对于 $25 \times 4 \div 25 \times 4$ 这样的题目，他可能乍一看觉得跟以前讲过的类似，于是想都不想就下笔写"$=100 \div 100=1$"。类似地，他经常混淆一些相近的概念。这看起来像是粗心，其实是对知识掌握得不牢固，似是而非，模棱两可。

- 注意力不集中。做题时容易分神，极容易被外界的干扰打断思路，导致本来会做的题目也出错；还容易导致他看错数字或记错、抄错数字，比如竖式答案是 1349，横式答案就填成了 1348。

- 读题、答题习惯不好。没有看清楚题目中的关键词就开始答题，结果答非所问，或者只是匆匆瞟一眼题目，感觉很简单就开始写答案。

- 做完不检查。几乎所有因为粗心导致的错漏题，只要认真检查一遍都是可以避免的。因此粗心丢分，不检查必须背锅。

有粗心毛病的孩子很多都是大大咧咧、毛毛躁躁的性格，啥都不在意。他们不仅学习上这样，生活中也是如此。比如经常忘带书包、红领巾、作业本等。对此，我们深有体会。

找到症结后，接下来就是对症下药了。针对上述原因，我们分别采取了以下措施。

首先，弥补胖豆的性格弱点，强化他的仪式感，并适度增加紧迫感，让他重视写作业和考试的过程。针对胖豆乐观、大条的性格，我要求他在写作业和考试前，先端正坐姿，深呼吸，并在心里默念："要做题了，要集中注意力，撸起袖子干！干出好成绩！"这样的仪式感有助于他更快进入状态。

心理学家研究显示，智力操作效率与情绪紧张之间呈倒 U 形曲线关系。当孩子情绪过分紧张或毫不紧张时，智力操作效率都会较差；而当情绪保持在中等强度的紧张状态时，智力操作效率往往最佳。因此，保持适度的紧张情绪也是避免粗心的有效方法。

在做题过程中，圈出题目中的关键词很重要。胖豆之前经常因为忽略题目中的关键信息而导致出错。因此，我要求他在读题时，圈出题目中重要的条件和信息，以提醒自己注意这些信息。这样做不仅有助于强化短时记忆，还能帮助他更准确地找到答案，避免漏掉重要信息。

刚开始，孩子可能分不清什么是重点信息，我们家长不妨亲自示范几次，然后鼓励孩子独立尝试，按照同样的方法，把每一道题目的关键词圈出来。

每次胖豆考完试，无论他的成绩是否名列前茅，我在查看他试卷的时候，首先关注的都是他有没有在题目上标注关键词。如果没有，就算得了满分，我也会批评他；相反，如果他认真圈画了关键词，即使没有考满分，我也会夸奖他。久而久之，他就养成了做题必圈关键词的习惯。这个方法，我亲自测试过了，非常有效。

　　做完题后，检查是一个至关重要的环节。那么，如何有效地进行检查呢？我分享几个实用的好方法。

　　第一，倒序检查法。我建议胖豆在检查作业时按照倒序检查。也就是说，从答案开始，一步步往回推，这样往往能更容易发现问题。

　　第二，"读作业"检查法。对于语文、英语等语言类学科，我建议他将作业内容读出来。通过听觉来辅佐视觉，能够减少出错的可能。当然，考试的时候不能影响他人，可以改为在心里默念。这样做不仅有助于增加语感，还能帮助发现很多潜在的错误。这个方法源于我当年在报社做记者时的经验，一位主编曾教我这样检查稿子，我发现效果非常好，就一直沿用至今。

　　第三，检查作业家长不插手。胖豆小的时候，我为了让他交出完美的作业，每天给他检查。后来，我发现这样做无形中培养了他的依赖心理，让他觉得反正有人检查，错了就改。由于平时没操练，考试时他自然也就没有检查的意识。所以，我们家长一定要坚持让孩子自己认真检查作业，错了就让他们自行承担责任。刚开始，你可能会忍不住想要插手，但一定要管住自己，长此以往，孩子就会逐渐养成自我检查的好习惯。

第四，提高熟练度。很多时候，粗心是由于熟练度不够造成的。我曾请教过一位名师：孩子难题出错少，简单的题反倒总出错，该怎么解决呢？这位老师的回答很简单："只能多练。"多刷题、提高熟练度可以有效减少粗心问题。虽然题海战术可能有些枯燥，但它对于提高考试成绩确实有很大的帮助。同时，计算能力较弱的学生，更容易因为粗心而出错，所以小学阶段多练习基本计算是非常重要的。

第五，加强注意力训练。首先，应该为孩子营造一个相对安静、整洁、固定的学习环境，家长应避免在孩子学习时刷视频或看电视，以免干扰孩子的注意力。同时，保持家居的整洁有序也至关重要，因为混乱的环境可能会导致孩子的学习生活缺乏规律，进而影响他们的专注力。

其次，家长可以鼓励孩子在家中参与一些需要精细操作的活动。比如写毛笔字、缝纽扣、练习盘腿打坐、剪纸、夹花生、串珠子、汉字字母混合识别、对墙打乒乓球、穿针引线等，这些活动都有助于减少孩子的急躁情绪，锻炼他们的细心和耐心。

最后，家长还可以和孩子一起玩一些需要高度集中注意力的亲子游戏，比如舒尔特方格、"找不同"和速记扑克牌等。这类游戏能够有效地提升孩子的专注力。关于这些游戏的具体玩法，我会在下一节详细展开介绍。

经过一系列综合训练，胖豆虽然没有次次得满分，但也基本没再粗心过了。与之前相比，他因粗心导致的丢分已经减少了八成以上。这无疑是一个可观的成果。

当然，孩子的成长和改变是一个持续的过程，有时可能会出现阶段性的反复。因此，家长需要保持耐心，持续进行巩固训练。

最后，我想给各位家长一些建议：请多对孩子进行正向赋能，尽量避免使用"粗心"等负面标签来评价他们，相信每个孩子都渴望成为认真、细心的孩子。请多关注他们的努力和进步，用具体的语言来夸奖他们。比如："你的作文这次又得了五星，而且居然一个错别字都没有，真是太棒了！你是怎么做到的？"当孩子告诉你他是通过"认真仔细"做到的时，这颗"认真仔细"的种子就已在他心中生根发芽，假以时日，定能开出绚烂的花朵。

5.4

专注力救星：
从三分钟热度到学得停不下来，娃是这么做的

很多朋友在询问我关于养育孩子的经验时，都会提到同一个问题："胖豆妈，我觉得我孩子无论在课堂上还是课后都很难集中注意力学习，甚至很难坚持十分钟做一件事，这该怎么办？专注力能培养吗？"

我的答案是肯定的：专注力绝对是可以培养的，而且越早开始培养效果越好！

专注力几乎是所有学霸的"标配"，它是衡量一个孩子学习能力的关键要素。即便一个孩子智力超群，但如果他的注意力极其涣散，无法专注于学习，那么他的表现也可能平平无奇甚至很糟糕。相反，如果一个普通孩子具备了强大的专注力，那他的学习效率必定会大幅

提高，有可能成为未来的学霸。

胖豆是个天性过度活泼好动的孩子。小时候，他很难安静地坐下来五分钟不做其他事情。但现在，他能全神贯注地上完两个小时的网课，积极抢答老师的问题，并完整地记下笔记。这种变化，我认为并不是随着年龄增长自然而然发生的，而是与我们长期有意识地对他进行专注力训练密不可分。

胖豆并没有上过任何注意力培训的课程。我们所实践的方法，都是我在花费大量时间看了很多书、上网查找多种方法后，挑选出的适合在家里随时练习的方法。这些方法简单易行，大多只需要一张纸加一支笔就足够了。就算你工作忙没时间，也可以交给家里的老人来辅助孩子进行练习。

同时，我建议越早对孩子进行专注力训练越好，因为时间充裕，早早培养出专注力，会让孩子受益无穷。

今天，我想先跟大家分享一些胖豆练习得最多的游戏方法。如果你感兴趣的话，不妨先带孩子试试。在训练孩子的专注力时，请遵循几个基本原则：确保训练内容要精；要激发孩子的兴趣；变换训练形式以保持新鲜感；每次训练时间不宜过长。

可以与孩子一起玩一些有助于提高听觉、视觉甚至全方位专注力的训练游戏，并不断变换游戏内容。你可以将这种方式融入孩子的学习中，每天抽出 10 分钟的时间陪孩子练习。相信我，坚持一段时间后，你就会看到明显的效果。（专注力游戏在本书附赠的电子文档中，欢迎扫描封底二维码领取。）

除了专注力训练游戏，家长在对孩子进行专注力训练的过程中，还需要特别注意以下几点。

定量学习

在提升胖豆学习效率的训练中，我通常采用的方法是让他定时分阶段完成学习任务。但如果他因为注意力不能集中而无法短时高效地完成任务，我就会反过来，采用定量学习的方法。比如，当天的数学任务是解答 10 道应用题，我会与他约定先完成 3 道题。如果他能够快速且专心地完成，就允许他休息 5 ~ 10 分钟。

休息之后，再以同样的方式完成下面的学习。当胖豆在少量任务上且短时间内的学习效率稳定提升后，我会逐步延长他一次性集中学习的时间，比如从一次做 3 道题逐步增加到一次做 5 道题或 6 道题，甚至更多，以提高他的专注力和耐力。同时，为了防止胖豆在审题时走神出错，我们要求他把题目的要求和关键字用笔圈出来。这种方法能够让孩子尝试挑战"我能集中精力做好一件事"，通过实践增强正面的心理暗示。

一次只做一件事

韩非子曾说："右手画圆，左手画方，不能两成。"这句话形象地说明人的专注力资源是有限的。当我们试图同时将注意分配在性质截然不同的事情上时，会极大地消耗专注力的有效性。尤其是对于成长中的孩子来说，他们的专注力正处在发展阶段，若同时进行多项活动，势必会损害专注力的有效集中。因此，为了保护孩子的专注力，在他们写作业的时候，我们要尽量保持安静，哪怕是在他们玩玩具的时候，我们也要关掉电视机，以尽量减少环境中的干扰因素。

大声朗读

大声朗读有利于训练专注力。熟悉我们的朋友都知道，胖豆每天早上除了运动，还有一项重要的任务就是大声诵读一篇古诗三遍。实际上，早晨大声朗读不仅是一个锻炼孩子口、眼、脑协调的过程，也是提升孩子专注力的有效途径。在大声朗读的过程中，孩子要想不读错，不读丢，不读断，注意力就必须高度集中。将这种训练坚持下去，孩子的专注力将大幅提高。

感统训练

前庭抑制功能不足、触觉敏感，或者听觉、视觉存在问题，这些都有可能导致注意力不集中。如果确定孩子的注意力不集中是由感统失调引起的，可以通过坚持进行以下几项运动来帮助改善：荡秋千、跳绳、拍球、打羽毛球、爬山、打篮球，以及踢足球等。

5.5
反"不自觉"达人:
家长巧偷懒,男孩会"自强"

胖豆进入初中后,遇到了一些新问题,我没法眼睁睁看着他陷入持续的混乱,于是决定再次"下场"助阵。

当然,我非常清楚这只是阶段性的帮扶,一旦他的生活和学习步入正轨,我必然会适时撤出,老母亲这点觉悟还是有的。

实际上,早在胖豆二年级下学期,我就开始尝试让他独自上下学,培养他的独立性。十岁之后,我正式开始放手,他学习和生活中80%以上的事儿,我都让他自主处理。

我一直很重视对孩子自主性和独立性的培养,也愿意给他足够的信任和空间去成长。但即便如此,还是有妈妈提醒我太急功近利,不相信孩子。

对此，我只能摇头苦笑。作为母亲，我做不到在孩子遇到难关时视而不见。说到底，他还是个十岁左右的孩子，很多成年人在事业受挫时还会一蹶不振，或者虽然努力挣扎却难以自拔，需要他人伸出援手帮一把，何况是孩子呢？

学习确实是孩子自己的事情，孩子终究要学会自主学习，这一点我深表认同。然而，我们也不能忽视每个孩子的个体差异，一刀切地认为只要放手不管，仅凭信任，就能让心智不成熟的孩子自己摆平一切。这种想法或许过于乐观了。

我始终坚信：他律是自律的基石。尤其是在孩子年少无知、无法做到自律的时候，他们需要来自父母的他律引导。

遗憾的是，我发现自律本身并不是可以培养出来的品质。但在探索过程中，我产生一种非常强烈的认知——自律的本质其实是欲望。

无论是大人还是孩子，当我们心中有了一个更大的欲望，就能够克制短期的放纵。简单来说，只有欲望才能克制欲望。

当我们挖掘出孩子更强烈的欲望，比如对某个目标的渴望，就可以让他暂停手里的游戏。我自己也正是基于这一点，将原来的形式自律改成了目标自律。我发觉目标自律相当实用，胖豆的很多坏习惯，都是我通过设定一个能打动他的"新目标"来无痛改正的。

然而，我们要警惕形式自律。什么是形式自律？就是指没有目标或没有清晰的目标，过分追求形式感和仪式感，通过重视表面上的学习过程来回避实际的目标结果，只强调"过程打卡"。

比如，每个假期为孩子制定极其规律的作息时间表，有的甚至精确到分钟，但这些计划的执行却总是虎头蛇尾，很快就不了了之。后来发现，制订这些不可能完成的计划表本身就是在浪费时间。

再比如，热衷于参加各种打卡营，但很多时候参与逐渐沦为了摆拍式自律：先是配齐运动装备，然后忙着各种角度自拍自己"运动"的倩影。又或者是，今天尝试让孩子用337晨读法，明天又让他跟着同学抄"完美笔记"，后天又让他尝试睡前复习法。我们跟风尝试无数方法，却每个都浅尝辄止；一直没闲着，收效却甚微。

这种注重形式的打卡式自律，本质上只是一种自我安慰，是一种间歇性的努力。它最大的特点是，一旦行动受阻或没有观众，人便很容易放弃，因此很难见到持续的效果。

相比之下，目标自律则是一种结果导向的自律方式。我之前提到过，绝大多数能够自我约束的自律者内心都极度渴求某个更想要的东西。我们的任务是找出孩子更想要的这个东西，然后让孩子为了这个目标日复一日地践行良好的学习习惯。

比如，当孩子找到真正想要的目标时，他们会主动完成作业，并持续践行这一习惯，直到它变得自然而然，不再痛苦。这个目标的吸引力有多大，孩子自驱的动力就会有多强。我们要做的，就是帮助孩子找到这个他们愿意为之努力的目标。

举一个最常见的例子，如何解决孩子写作业磨蹭的问题？

几年前，胖豆写作业非常磨蹭，每天都在上演"拖字诀"。你看着他的时候他就写，一不盯着他，他就开始走神、做小动作，不是抠手、抠脸就是抠鼻子，总之就是不专心写作业。

无论我每天唠叨多少遍，似乎都没有效果。我甚至尝试过放手不管，让他自己承担不交作业在学校受批评的后果，但也无济于事。因为他的"钝感力"相当强大，被批评了，很快就会自我恢复，原地自愈。

我也很担忧，如果他一直不能自主地写作业，我总不能一直像保姆那样全程陪伴吧。后来，我决定改变策略，采用"结果导向，目标自律"的方法。

每天，我会让他在小本本上记录下当天必须完成的任务，包括学校作业和我额外布置的作业，并列出每项作业的预计完成时间和实际完成时间。我不再盯过程，只检查结果。我们约定在晚餐前，他必须按时、按质、按量完成所有书面任务。

如果任务都完成了，当天剩下的所有空余时间都是他的自由时间，我可以不干涉他玩什么。然而，如果任务清单没有完成，晚上就不开饭，不管他是拖到7点还是8点，不管他多么拼命喊饿，我都会坚持等他做完作业再开饭。

吃和玩是胖豆最在意的事情，为了能准点开饭和争取更多的自由时间游戏，他自己就会去想办法完成任务。

刚开始，他不知道如何提高效率，我还会给他支招，比如写作业时设定倒计时，专时专用。他尝试后确实觉得有帮助，就自己采纳了。当然，他自己也会想一些办法，比如如果约了同学放学后一起玩，他就会利用课间提前完成作业。

事实上，我们现在早就不再这样督促他写作业了，因为他已经养成了自主完成作业的习惯，拖欠作业的情况早已不复存在。我也不会每天都检查他的作业，而一旦发现他有阶段性的学习状态滑坡，或是作业质量不如以前，我会立刻进行抽检，以确保他高质量完成作业。

我曾询问胖豆，对于自己过去写作业磨蹭有何感想。他坦言，觉得小时候的自己挺蠢的，因为作业是躲不掉的，磨蹭只会浪费时间，导致自己不仅玩得不尽兴，还得挨骂，不如早点做完，这样大家都自在，还能留出更多可自由支配的时间。

这里有一个关键点，那就是我们家长要说话算数。当孩子完成既定任务后，无论节余多少时间，说归孩子自由支配就得兑现承诺。若是我们在孩子提前做完作业后，额外增加新的作业，那孩子就很难改掉磨蹭的毛病。

我们总喜欢吐槽孩子"就知道玩儿，不知道学习"。事实上，追求安逸、贪玩是人的本性，不仅孩子如此，大人也是一样。我们绝大多数人都做不到八分的超我，两分的本我。

因此，我们首先要学会理解孩子。爱玩是孩子的天性，并非什么大恶。反倒是我们希望孩子就知道学习，不想着玩，这才是反人性的。

当然，要想学习好，确实需要牺牲一些玩耍时间。但缺乏弹性的被动打卡其实是带有一定强迫性的，会让孩子潜意识里觉得学习是一件很艰难而痛苦的事情。不过没关系，只要我们引导孩子持续践行"以始为终，目标自律"的方法，他们慢慢就会形成一种思维转换，将"消耗/有点苦"的学习过程转变成"尝到甜头、乐在其中"的体验，从而更容易养成良好的学习习惯。

每一件需要自律的事情，若想长期坚持下来，靠的都不是强大的意志力，而是习惯的力量。事实上，我们每一个人都应该努力养成一个好习惯——努力达成目标的习惯。

5.6

"不爱看书"终结者：
让孩子爱上看书，真不难

几年前的一个元旦，我在朋友圈分享了胖豆年终总结的长图，其中提到他上一年读了上百本书，这立刻引起了朋友们的围观。不少妈妈纷纷问我："胖豆怎么这么喜欢读书？我们也给孩子买了不少好书，可孩子就是不肯读，该怎么办呀？"

不谦虚地说，胖豆现在爱读书，已经是他自发的行为习惯了。尽管我在培养他的学习习惯上还要持续努力，但至少在读书这件事上，他完全无须我提醒——无论是上厕所、坐车时，还是睡觉前或起床后，他能做到走到哪儿看到哪儿。

然而，胖豆并不是天生就爱看书。小时候，他最喜欢的是在外面疯跑，书碰都不碰一下。为了培养他的阅读习惯，我确实费了不少心思。这是一个长期的过程，我们家长在其中的作用极其重要。

从胖豆3岁开始，我每天一有时间就会给他读绘本、讲故事。我买了很多字迹很大且内容有趣的绘本、故事书和儿歌书，带着他一起大声指读。

这里我要提醒大家，不要用故事音频来代替亲子阅读，因为孩子们喜欢观察我们的表情、聆听我们的语调——他们喜欢听到父母的声音。

如果有条件的话，强烈建议家长陪伴孩子阅读。不用担心自己的发音或表达不够标准，就像我在给胖豆读故事书的时候，会尽情释放自己的天性，根据故事情节适当地融入情绪和肢体动作，做到声情并茂。

这样做其实很重要，能够极大地激发孩子的阅读兴趣。随着不断的阅读和熟悉，孩子自然而然就认识了很多的字词。

随着孩子识字量的增加，家长应逐渐从主导阅读过渡到鼓励孩子独立阅读。让孩子读给我们听，并及时给予赞赏和鼓励。此外，还可以尝试让孩子在阅读过程中猜测故事的走向，甚至在故事结束后鼓励他们续写。

学前阶段的孩子虽然稚嫩，但他们的联想能力却非常丰富。家长可以利用这一特点，通过各种方式启发孩子的思维，提高他们的表达能力。

比如，可以给孩子寻找一个"孩子"，让他们在与玩具熊或宠物

"过家家"的游戏中进行模拟亲子阅读，这种互动方式能够大幅度提升他们的阅读积极性。

要想让孩子真正爱上阅读，家长必须尊重孩子的兴趣，赋予他们选书的权利。从小，胖豆喜欢什么书，我就会给他买什么书。他想看什么书，我几乎不干涉（不用担心，他接触的都是图书馆儿童专区里的书，没有什么不适合他看的）。家里的书看完了需要再买时，我也都是让他自己选购。

打个比方，一群小牛被带到草原上，有些小牛被强制要求在某个特定区域吃草，而有些小牛则可以自由自在地溜达着吃草。你猜，同样是喝水吃草，哪些小牛会成长得更健壮呢？哈哈，答案肯定是那些能溜达的小牛！因为它们吃得开心，吃得自在，自然身体棒棒！

很明显，当孩子没有选择权时，他做某件事情的兴趣就会大打折扣。所以，如果孩子不爱阅读，可能是因为我们太想让他看我们认为的好书，而忽略了他们是否感兴趣。不用着急，一旦孩子养成爱读书的习惯，你会发现，不管什么类型的书孩子几乎都愿意看。

为了培养孩子的阅读习惯，你可以尝试引导孩子在睡前读书——让孩子提前上床，然后赋予他看书的权利。就像胖豆上小学后，我告诉他晚上八点半必须上床，但他可以选择是马上关灯睡觉还是看自己感兴趣的书，他百分之百选择看书。

这个办法百试百灵，绝大多数孩子都会选择看书，这不一定是因为他们真的爱看书，而是因为他们大多不愿意那么早睡觉。

除此之外，建立孩子的家庭阅读专区也很重要。无论家里条件如何，都应该为孩子打造一个专属的阅读角，配备他们自己的书柜或书架。同时，最好在家里的各个角落，比如床头柜、书桌、沙发等地方，随意放置一些适合孩子阅读的儿童读物，让他们随时随地都能拿到书看。

另外，为孩子单独订阅一份纸质杂志也不错。当孩子们拿到专属于自己的东西时，自然会非常兴奋。比如，我给胖豆订阅了一份儿童科普杂志，并且把快递的收件人写成了他的名字。每个月他都会期待地问："我的书怎么还不来？"他很享受这种亲自收到书的感觉，这无疑会激发他对阅读的热爱。

后来，我为胖豆办了一张属于他的图书馆借书卡。我注意到，很多孩子可能和胖豆一样，对于拥有自己的"身份"非常在意。他们从小就非常珍视自己的公交卡、地铁票，觉得那是自己长大的标志——他们不愿成为大人的附属品。

每当小小的胖豆手持自己的借书卡走进图书馆，他那昂首阔步的背影都流露出更多的自信。

我知道，许多父母自己都不喜欢阅读，却希望孩子能喜欢。这种对孩子高要求、对自己宽松的态度，我也曾有过。但一看到胖豆可爱的小脸儿，想到他充满无限可能的未来，我就下定决心，无论工作多忙，每天也要抽出 1 小时，关掉手机，陪他一起阅读。

通常，我读我喜欢的，他读他感兴趣的。我们会互相检查阅读进度，这样他就不会觉得不公平。同时，我们每年都会设立自己的阅读目标，完成后可以兑换奖励。胖豆是小吃货，最爱兑换的就是冰激凌。

在阅读过程中，切记不要给孩子设定太难的目标，"悦读"才是第一原则。同时，最好也不要对孩子的阅读方式设限，比如必须在书桌前，必须坐端正，必须把手放哪里……在我看来，阅读不应该成为孩子的压力，而应该像喝水吃饭一样自然发生，成为孩子生活的一部分。

无论你们去哪里，都请不要忘记给孩子带上一本书，就像出门要带钥匙一样。在外等车、排队的时候，与其让孩子喋喋不休地问"还有多久"，不如给他一本书，让他享受片刻的阅读时光。我们家的车上随时都放着书，当胖豆坐在车上没有手机玩，他自然就会拿起书翻看。

愿每一个孩子，都能和书成为好朋友！

5.7

运动型阳光男孩养成记：
强扭的瓜甜不甜，就看你会不会扭

之前有一阵子，胖豆和胖豆爸可是乐开了花。这两个完全没有文艺细胞的人，竟然一唱一和地宣称爱上了北京这绵绵不断的江南式阴雨。他俩的快乐我懂，不就是下雨了，早上就不用跑步了吗？跑步是有多难，才会让人靠祈雨度日。

我忍不住说："你们至于吗？没听说过'生命在于运动'吗？"

胖豆反驳道："妈妈，我觉得这话不对，应该是生命在于静止！"

"什么？"我有些惊讶。

"你看，乌龟之所以那么长寿，就是因为它每天都趴着储蓄能量。这肯定是它长寿的秘诀。"

"运动其实是一种享受，你们要用心去感受它。"我耐着性子引导。

胖豆爸立刻接话："老婆，你知道的，我从来都不是一个贪图享受的人。"胖豆看了看他爸爸，眼神中瞬间充满对灵魂搭档的惺惺相惜。

"妈妈，我跟爸爸一样，也不是一个贪图享受的人。"

我无语凝噎。

我儿子不是搞体育的料，打他在娘胎里我就知道。当其他孕妈因为胎动频繁、宝宝太活泼而苦恼时，我总会感到一丝不安。因为我的宝宝很少动，至少动得不那么明显，以至于我很难准确捕捉到他的动态。

出生后，他的运动发展也总是落后于同龄孩子。都说"三翻、六坐、八爬"，胖豆都九个月了，才第一次吭哧吭哧地翻身成功。那一刻，我们全家都高兴得站在床边鼓掌，手都拍红了，还互相摇着胳膊激动得不能自已。那场景，要是只拍我俩的特写，不知道的还以为我儿子刚拿了奥运金牌呢。

他学了两年篮球，裆下过球的动作我就几乎没见他成功完成过。踢足球时他只是个替补，队服、鞋子我们每回都置办得很齐全，但他每回上场几分钟，连球的边都没摸到，就又被替换下场了。别的孩子踢的是球，他踢的是寂寞。一年级跳绳考试，别的孩子轻松跳一百多下，他只跳了六十几下；短跑成绩到四年级期末，依然是全班倒数。

面对儿子如此感人的运动天分，我曾想过是不是该听胖豆爸的劝，莫强求，但作为胖豆的妈，我不能。

我从来都不是什么爱运动的元气妈妈，我曾经也喜欢窝在沙发里追剧、看书、刷小说。正因为胖豆，我才慢慢变成了一个在邻居眼里爱运动、超级自律的妈妈。

胖豆不爱运动，却特别多动。听起来很矛盾吧？但事实就是如此。他不喜欢也不擅长任何运动，但手脚永远闲不住。在幼儿园他从来不午睡，就算把他强按在床上，他也能把床板抠得全是指甲印。上课时手里不是玩橡皮就是玩铅笔，下课了在狭窄的楼道里干不了别的，他就来回穿梭。为此，他没少被老师批评投诉。

在家也是一样，明明前一秒还在书桌前学习，我一个转身，他就已经蹿到窗台上倒挂着了。爷爷有次暑假来小住了大半个月，看他每天不停地晃来动去，脑袋都疼了，很严肃地跟我们说："我怀疑他有多动症，你们最好带他去看看。"

胖豆平时总是对我们的话充耳不闻，这次那么小声地背着他说的话，倒是被他听得真真切切。自那以后，我们再让他别乱动，他总会理直气壮地说："我爷爷说了，我有多动症，我控制不住我自己。"

我们确实带他去做了专业的检查，结果并不是多动症，而是感统失调。专家建议要对他进行训练，毕竟他精力过度旺盛，也需要适当消耗。

与此同时，随着年龄的增长，胖豆的自尊心也日益增强。他不在意别人说他胖，但却在意同学叫他"小肥猪"。当因为好动被老师批评时，他也不再像小时候那样满不在乎，而是开始感到羞愧。除此之外，他也开始为体育考试总是倒数而感到沮丧和难过。

他说他想改变，我信。只是，他还不知道如何着手。此时，我不帮他还有谁能帮他呢？我们达成共识，不急于求成，而是稳扎稳打，每半年搞定一个项目。尤其是假期，一定要充分利用起来，这是我们集中精力突破练习的最好时机。

我们从跳绳开始练起。起初，我以为这需要半年的时间。而实际上，我们从每天跳一百下开始，逐渐增加到每天两千下、三千下，仅仅一个月就取得了突破性的进步。到现在为止，我们已经坚持跳绳整整一年了。寒假期间，我们又搞定了仰卧起坐。前年他一分钟只能做 35 个仰卧起坐，仅仅不到一年的时间，他的成绩已经达到了满分49 个。

在这两个项目的攻坚阶段，我们都有过想要放弃的时刻，但每每都被我咬牙"再忍一次"的坚持拉了回来。难么？当然难！陪他跳绳，我也气喘吁吁，我也两眼发白，我也浑身难受。现在陪他练长跑也是如此。

但我知道，一旦我放弃，他就会坐实自己在体育方面的无能，从此安于现状，不再努力挣扎，因为他觉得，努力了也没用。

幸运的是，最终的事实证明，只要勤学苦练、方法得当，所谓的运动"废材"也能有春天。跳绳和仰卧起坐两个项目练出效果后，更加坚定了我的信心。现在，长跑又到了同样的攻坚阶段。我知道，咬咬牙就能跨过去，练成功。我不能退也不会退。

　　体育容易形成链式反应。一旦开始练一个项目并取得成功，就会激发动力去攻克更多的项目。这一点也得到了很多热爱健身的男同事的印证。

　　体育锻炼，表面上看练就的是体育技能，是强健的体魄，然而其真正内核却是锤炼自律精神和意志力。人的本性总是倾向于追求舒适，因此，期待孩子自发地喜欢并选择去吃苦锻炼，这种可能性其实并不大。

　　不仅体育锻炼如此，学习也一样。

　　主动勤奋好学、不贪玩的孩子毕竟是少数，如果我们一味尊重孩子的意愿，任其喜欢就做，不喜欢就不做，可能最后的结果就是他们什么都没做。相反，只有想方设法地引导孩子坚持做下去，帮助他们体验到收获的快乐，他们才会觉得这一切都是值得的。

　　在练习跳绳的过程中，哭爹喊娘的是胖豆，但突破每天三千下，并在期末的跳绳考试中拿到满分，无比自信的人，还是他。这正是体育的真正乐趣——先苦后甜。挺过乳酸堆积的煎熬，最终会迎来大功告成的喜悦和内啡肽带来的快乐。

　　强扭的瓜可能不甜，但或有回甘哦。

第 **6** 章

高枕无忧篇
男孩需要富养知识，提升成就感

很多父母都奉行"穷养儿，富养女"的观念，觉得这样能让女儿将来抵挡得住物质诱惑，而让儿子在困境中更加奋发向上，更早地学会独立。

于是，很多父母对儿子的教育期待相对更高、更严苛，在物质上则显得更为"小气"，希望孩子能通过多吃苦来增强抗挫能力。

但我却觉得，男孩更应该被"富养"。这个富养，并非指物质上的奢华。如果家里条件许可，我们没有必要刻意在物质上委屈孩子，让他们与父母的日常消费水平保持一致即可。

我所说的"富养"，更多的是指知识和见识的富养。男孩要具备宽广的格局和气度，积累丰富的知识和阅历，这样他们长大之后才更有可能"成事"。

那么，父母富养孩子是否就意味着给孩子报大量课外班呢？其实不然。更重要的是帮助孩子找到适合他的高效的学习方式，让他们在相同的时间内能够学到更多的知识，同时也有更多的时间去发展自己的兴趣爱好。

6.1

消灭假努力，
是养成真学霸的先决条件

在学习问题上，我曾跟很多家长朋友深入探讨过一个话题：假努力。

假努力并非仅仅指表面上的虚假勤奋，更涉及学习效率低下、学习方法不当等多个方面。在假努力与真勤奋之间，存在着巨大的鸿沟。这也解释了为什么投入同样的时间，看似都很努力，有的孩子成了学霸，而有的成绩却一塌糊涂。

假努力的危害很大。它不仅白白浪费了大量时间，还营造出一种勤奋的假象，导致家长对孩子的真实学习情况产生误判。更严重的是，这种假象还可能致使家长错失培养孩子良好学习习惯和学习方法的最佳时机。作为家长，我们一定要对此保持高度警觉。

对于那些陷入假努力的孩子，家长需要及时察觉并给予帮助，防止他们在错误的道路上越走越远。毕竟，无论怎样假装努力，学习成果是不会陪孩子"演戏"的。

那么，家长如何快速识别孩子是不是陷入了假努力呢？据我观察，假努力的孩子通常表现出以下几种典型特征。

学习仪式感拉满，实际收效甚微

有些孩子和家长制订了详尽的学习计划，但坚持执行的却寥寥无几。教辅资料和学习用品也装备得很齐全，但真正用起来的却没几样。还有些孩子过于追求笔记工整漂亮，却因此忽略了老师讲课的重点内容，导致笔记完美，知识却没有装进大脑。他们可能还整理了好几本错题集，每道题的解析都抄得非常详细，却从未真正消化吸收其中的知识点。

一听就会，一做题就废

我们身边总有一些这样的"聪明"孩子：他们在课堂上反应迅速，老师一讲就会，回答问题也很积极。然而，尽管表现得接受能力很强，他们的学习成绩却始终处于中等水平，难以跻身前列。原因在于，这些孩子虽然能迅速跟上老师的思维，但却缺乏深入的思考，往往课后也不喜欢复习，因为他们觉得自己已经懂了。由于他们更喜欢直接做题，不喜欢归纳总结，自然也就做不到举一反三，融会贯通，最终的结果就是边学边忘。

只做会做的题，不会的都跳过

有些家长感到困惑："我孩子每天都刷很多题，怎么成绩就是不见提升呢？"仔细观察后，我们可能发现，这些孩子虽然确实在大量刷题，但碰到不会的题就直接跳过，总是在做自己会的、舒适区里的题。

显然，本来就会的题目，哪怕再做三百道，对成绩提升的意义也不大。真正能够推动学习进步的，一定是不断挑战自己不会的题。真正"吃透"一道你不会的题，比光速刷十道提笔就会的题，价值要高得多。

课本例题不屑做，过分追逐课外题

其实，不少孩子和家长都容易眼高手低。他们看不上课本上的例题，喜欢舍近求远，去做课外的"高级题"。实际上，无论是语文还是数学的学习，都应以课本为"王"。

很多课外拓展题目固然难度高、跨度大，但孩子在遇到不会做的题目时，往往急于求成，直接翻阅答案或者用搜题 App 查找答案。虽然他们看完答案后，会有一种恍然大悟的感觉：原来是这样做的啊，但这样的学习方式既缺乏深入思考，也没有后续举一反三的实践练习。结果就是，课本上的基础题没学牢，拓展题也刷了个寂寞。

机械重复式努力，低质量勤奋

不知道你是不是这样的家长：喜欢让孩子反复抄写词汇、数学公式，或者一遍又一遍地听写单词，但当询问孩子这些公式的应用时，孩子却一问三不知。这就是一种典型的无用功，孩子看似一直在努力，每天花费大量时间学习，抄写了几十遍，但实际上他的脑子一直在休息，只是在进行机械的手部动作而已。要知道我们的大脑是用进废退的，越用越灵光，越不用越迟钝。

如果长期不进行深入思考，只是机械化地勤奋，孩子真有可能越学越"笨"。这并不是说孩子的智商下降了，而是孩子变懒了，懒得去思考。孩子用这种无效的努力来掩盖他们真正的懒惰。但这种假装努力感动得了自己和家长，却感动不了结果；努力可以骗人，结果却不会说谎。因此，要想让孩子取得好成绩，就要帮助孩子摆脱假努力的状态。

如何打"假"，帮助孩子回归真学习、真勤奋呢？

从紧张的"努力"中抬起头来

学习要有针对性，这首先需要认清问题所在。我们不必过度关注其他孩子的进度，不必担忧他们是不是超过了我们。相反，我们要觉察自己的孩子在哪儿"卡了壳"，并着手疏通这些问题——不怕跑得慢，怕的是"此路不通"。家长可以和孩子一起分析，明确孩子的弱项和强项学科分别是什么，找出当前学习阶段的具体薄弱之处。同时，审视孩子存在哪些需要纠正的不良学习习惯。然后，对于哪些问题是紧迫且重要的，需要立刻采取行动；哪些问题是孩子自己或家长帮忙可以解决的，而哪些是必须求助老师的，都要做到心中有数。

学习不怕进度慢，只要方向正确，一步一个脚印地前行，就必定会有收获。最怕的是东一榔头、西一棒槌地学习，这样的学习既不成体系，又毫无章法，胡乱出击只会导致学习结果与既定目标相差甚远。

找到适合自己的学习方法

其实，比起单纯的努力，更重要的是掌握有效的学习方法。正确的学习方法能够让孩子事半功倍。当然，所谓"正确"的方法是相对而言的，并不存在放之四海而皆准的学习方法，但不同的方法背后都遵循着一些基本的学习规律。所以在探索适合孩子的学习方法时，要尽量避免"拿来主义"，而是借鉴他人的经验并根据孩子的实际情况进行必要的调整。

在后面的文章中，我将分享一些学霸们的学习方法，供大家参考。

但要记住，真正适合自家孩子的学习方法，需要我们在借鉴的基础上，通过不断试验和调试来找到。比如，可以指导那些没有错题本的孩子尝试建立起自己的错题集，对试卷进行深入分析，剖析每道题的失分点，从而找到自己的薄弱点。

再比如，每个孩子背单词的方法都可能不同，我们需要帮助孩子找到对他来说最高效的那一种，并鼓励他坚持下去。

重视结果，但更要重视过程

尽管我一直强调"放下焦虑，注重过程的努力，对结果保持佛系"，但这一观点针对的是那些方法得当且真努力的孩子，并不适用于假努力的孩子。如果孩子一直在进行低效努力，那么他就需要调整策略，以明确的学习结果为目标来指导自己的每一次努力。

举个例子。如果他在学习某一类型的题目，那么他就应该能够清晰地讲解出所涉及的知识点以及相应的解题思路。深入学习的过程很重要，只有好的过程才会有好的结果。我们不能仅仅满足于孩子每天刷多少道题，而忽略了他们对知识点是否真正理解和掌握。如果孩子对知识点只是一知半解，那这样的努力显然是低效的。

专时专用：特定时间执行特定任务

可以引导孩子建立一个高效时间表，这样他们就不必把所有时间都花在学习上。但对于所安排的学习时间，要做到专时专用。比如，上课时，就要以听懂和理解为主，记住为辅；而在作业时间，则应先复习当天所学的知识，然后再做作业。

要避免单纯地以学习时间长短来衡量孩子的努力程度。长时间坐在书桌前，并不一定就代表着勤奋努力、高效学习。如果孩子在这段时间内只是在发呆、看手机、进行无效的刷题，或者机械地重复抄写题目，那么这样的学习时间再长又有何用？

相反，应尽量将学习任务与时间管理和学习效果相结合。当孩子按时保质保量完成学习任务后，他们应该获得属于自己的玩耍时间。这样一来，他们也就没有必要去假装勤奋了。

我们追求的不是让孩子长时间投入学习，而是让他们在有限的时间内实现高效的学习，拒绝磨洋工。

真勤奋，勤在思考

要鼓励孩子勤于思考，多问问题，并学会总结规律。这样的训练能够增强孩子发现问题、解决问题的能力。学霸往往有两个共同点：一是会对基础知识进行深度总结，二是能在此基础上举一反三。

爱因斯坦曾说过这样一句话："如果给我一个小时解答一道决定我生死的问题，我会花55分钟来弄清楚这道题到底在问什么。一旦清楚了它到底在问什么，剩下的5分钟足够回答这个问题。"

因此，在深入总结的基础上举一反三，从研究透一道题到会做这一类题，这是最省时省力的方法。也许低年级的孩子还可能通过死记硬背取得不错的成绩，但随着年级的升高，特别是在初中和高中阶段，能够举一反三才是真正的必杀技。

学习从来都不是一件轻松的事情，要想学有所成，每个孩子都必须付出大量的时间和精力。因此，如何在有限的时间里获得更好的学习效果，让孩子更多地体验到学习的快乐和成就感，确保努力没有白费，这是每个孩子和家长都需要积极探索的课题。而要实现这一目标，关键在于引导孩子学会正确的努力方式，杜绝假努力。

我们有多努力，就有多与众不同，相应的，也就拥有多少选择权。无论是在学习和升学过程中，还是在工作乃至人生道路上，都是如此。

6.2

靠谱家长，
一定会陪娃找到他的优势学科

我一直强调，学习应避免寻求捷径。然而，现在我想分享一条非同寻常的捷径。它并非具体的实操捷径，而是方向捷径，对孩子的学习乃至未来的人生都会产生深远影响。

在孩子的学习上，无数老母亲都有过以下烦恼：

· 上课从不举手发言；

· 不遵守课堂纪律，喜欢挑战规则，不合群；

· 偏科，某些学科如语文、数学、英语不好；

· 学习上不开窍，但在其他领域如踢球、画画或操作机器人方面却一点就透；

· 字迹不够工整，导致考试吃亏。

每一个"刺眼"的短板，都让老母亲不忍直视。

通常，我们很难容忍孩子的短板，不经意间就成了"木桶理论"的忠实拥趸。这个理论认为，一个不完美的木桶能装多少水，取决于最短的那块木板。因此，我们坚信，孩子的"短板"是他们成长道路上的绊脚石。于是，我们将注意力集中在孩子的短板上，不断指出并反复强调，试图通过说教让孩子"长记性"，从而将短板变成长板，变得全面优秀。

然而，在这些年与胖豆的"较量"中，我发现了一个深刻的真相："揭短"往往会越揭越短；过度强调孩子的缺点，并不能直接让孩子改掉它们，反而对孩子形成某方面的负面暗示，甚至导致他们全面否定自己。在这种负面心理的影响下，孩子是无法有效克服自己的不足的。

我们不能因为一味追求"补短板"而忽略了孩子长板的发展和延伸。因为同样的时间投入，孩子在长板领域的学习往往事半功倍，而补短板则可能事倍功半。木桶理论的确有其道理，但换个角度来看，当我们把木桶倾斜时，装水的多少就取决于长板有多长。当不断加长长板的时候，装的水也会越来越多！所以，从"长板"入手，其实更高效。

我之前提到过，我主张在孩子小学低年级阶段，尽量培育和发展他们的优势科目。这样到了高年级，孩子会更加自信、轻松。

但培养优势科目并不能完全依赖学校，而是要更多地依靠家庭教育来不断挖掘和培养孩子的优势。那么如何培养优势科目呢？首先要找出孩子的优势项。具体可以通过以下几个方面来识别：

- 观察孩子在学习某项知识或做某件事时是否表现出色，并且不会感到特别费力或痛苦；
- 注意孩子在学习这个科目或做这件事时是否充满激情；
- 分析孩子在学习或做这件事的过程中是否经常用到他们擅长的能力。

可以和孩子一起回顾和讨论，他们在哪些学习或活动中会有这样的体验，并列出这些事情。例如对于胖豆来说，我很明显地看出他从小就对数学方面的内容更感兴趣，学习和领悟起来也更快。

有的家长可能会说："如果我家孩子对数学不感兴趣，或者不擅长，那该怎么办？"没关系，我们总能发现他比较擅长的项目。每个孩子都有自己独特的长处，因为优势和不足是相对而言的。

需要明确一点，拿自己孩子的短处与别人孩子的长处比，那怎么比都是"短板"！

所以，我说的找孩子的长板，是将孩子自身的不同方面进行比较，寻找他更感兴趣和更擅长的领域。

如果孩子的数学不好，但英语（或者画画、弹琴、踢球等方面）很棒，我们可以这样跟孩子沟通："我发现你的英语学得好棒啊！能不能分享一下你学习英语的诀窍和方法呢？我在你这个年纪的时候，英语学得可没你这么好，你真是我的骄傲。我相信，如果你能把这些学英语的好方法用到学习数学上，你的数学成绩也会有所提高的。"

此外，我们必须注意，千万不能因为孩子有了长板优势，就把本应用于进一步加长这个长板的时间挪给了"补短板"。如果短板没补起来，长板优势也丢失了，就会导致孩子的自信受挫，学习陷入负面循环。

在胖豆学前和小学低年级阶段，我们除了让他参加英语兴趣班，还给他报了街舞、美术、篮球等各种才艺班。然而，除了英语能够正常跟进，其他才艺的学习都可以说一塌糊涂。

他从老师的评价以及自己跟同学作品的比较中，感受到了自己是个"差生"。

进入小学后，他在学习上也没表现出什么明显的优势，因为在一二年级，班里同学的语数英考试基本上都能考 100 分，95 分以下的都很少。

但令人难过的是，他的课堂纪律问题十分严重，因此经常被老师批评罚站。回家后，我们也会批评他，这导致他的缺点被一再放大和提醒。我们的教育不仅没有起到应有的效果，反而导致他一度自我评价极低，觉得自己一无是处。

作为妈妈，面对此情此景，我内心自然十分煎熬。我深知不能再跟问题一起打败孩子了，我有义务帮他找回自信。于是，我给他讲了诺贝尔化学奖得主奥托·瓦拉赫的故事。

在学生时代，奥托·瓦拉赫尝试探索过文学和绘画领域，然而大多数老师认为他不是可造之才，甚至给他贴上了"低能"的标签。幸运的是，他的化学老师慧眼识珠，看到了他身上潜在的做化学实验必需的钻研精神，认为他非常适合学习化学。从此，瓦拉赫仿佛闯进了一片新天地。他迸发出惊人的想象力和持续研究的动力，最终成为一位赫赫有名的化学家。

我告诉胖豆，我发觉他在数学方面也很有天分，有巨大的潜力。我对他说："只要你足够努力，有一天你或许也能成为数学家！"他兴奋地问我："那我能成为班里的数学小王子吗？"我坚定地回答："这个称号非你莫属！"

此后，胖豆上课积极回答老师的问题，每年都参加学校的数学嘉年华活动，还多次在数学竞赛中荣获一等奖，成功为自己赢得了"数学小王子"的称号。这一称号也得到了班里很多同学的认可。

因为开始被看见，被认同，胖豆变得更加积极了，不仅拥有了更多的朋友，还当选为学习委员。他的纪律意识也有所提升，进入了一个良性循环。

积极是一种联动的状态，学习上积极了，其他方面也会跟着积极起来。

在这个过程中，我不再执着于每天敲打他的纪律，也不再强求他全面发展、多才多艺（对于他既不擅长也不喜欢的领域，我统统"止损"了）。

我转而无条件支持他的数学学习探索。他对数独感兴趣，我就陪他一起做数独，跟他 PK；他给我讲数字谜题，我就扮演好"小学生"。我不再觉得他数学学得好理所应当，而是会夸奖他在数学方面的每一次小突破……

现在，数学早就是胖豆的优势科目了，但他每天在数学上投入的时间仍然是最多的。对于编程也是如此。他喜欢、擅长，我就无条件地支持他勇往直前。我绝不会让他挪用发展长板的时间去弥补所谓的短板。

孩子的优势科目，是让孩子眼里有光的底气，是推动他们进入良性循环的坚实支撑。

就像我的小侄女，她从小就喜欢跳舞，也有灵气，我哥哥嫂子就一直在这方面积极培养她。每当她站在舞台上，整个人都变得熠熠生辉，光芒四射。即便跳舞再累，膝盖磕得瘀青，因为热爱，因为出众，她都能坚持下去。

凭借舞蹈特长，她顺利通过了小升初和中考，进入了清华附中，并且打算高考时也报考舞蹈专业。将最热爱也最擅长的事情当成未来的事业，这何尝不是一种美好的选择呢？

一个人的快乐和掌控感，往往来自把自己擅长的事情发挥到极致，在同样的时间内，取得比别人更为出色的成果。过分强调"短板"只会导致孩子"泯然众人矣"，锻造"长板"才能让孩子在未来的人生舞台上大放异彩。

作为家长，我们不要把孩子的优势项局限在语数英这三门学科上。孩子的人生道路漫长且宽广，不是只有这三门学科所延展的路径。如果我们实在没有发现孩子有什么特别突出的地方，那么可以选择一些与天赋关联不大，但只要用心努力就能培养成优势的科目进行重点培养，比如英语，这样也能达到同样的效果。

但在这里，我需要强调一点。提前培养孩子在语数英方面的优势科目，并不等于要他们提前学习课本内容。我所说的"提前培养"，语文方面更侧重于阅读和素养的积累，数学方面则重在思维的升级和数感的养成，至于英语，要重在习得和沉浸。

那么，坚持"长板"教育是不是就意味着对孩子的"短板"置之不理，甚至逃避呢？

当然不是！让孩子看到自己的"短板"还是很有必要的。我们的目标是让孩子通过努力来加长"短板"，但不是要他们跟别人比，而是与自己比。

我们要保持耐心，不气馁，不着急，坚持长年日拱一卒，最终一定会收获惊喜。例如，胖豆的记忆力相当一般，在记忆知识点方面，他甚至都不如我。

他背诵一首古诗、古文或英语文章，往往需要很长的时间。但我从来不强迫他背诵，从他三四岁开始，我们每天坚持诵读一首诗或一篇古文三遍，什么时候他自然背会再进行下一首。

这些年来，我们一直采用这种无痛背诵法，所以我们在小学阶段就早早搞定了小学和初中必背的古诗文。

我相信，我们这个进度已经比很多同龄孩子领先了。胖豆虽然记忆力一般，但胜在长期坚持，而且整个过程并不痛苦。这样一来，他的"短板"也被补齐了。

再比如胖豆令人一言难尽的"体育天赋"。他从小在大动作方面发育就比较迟缓，9个月才学会翻身，直到会走路了，也没学会爬。他的肢体协调能力也不太好，跳舞、跳操时经常"顺拐"。虽然他对踢足球很感兴趣，但却一直是替补队员，而且经常是满场跑却连球都踢不到，真正做到了"重在参与"。

我也一直带他练习短跑和长跑，但成绩依然不够优秀。然而，通过练习，他从原本的20分提升到了六七十分，尽管在班里的跑步项目中仍然垫底，但我们从不跟别人比，只关注他自身的进步。因为是"短板"，他可以不必向其他人看齐，可以进步慢一些，只要坚持日拱一卒，每天进步一点点就好。

我坚持的"长板"教育的另一种方法是：在"短板"中寻找"长板"。

从三年级开始，我陪他练了半年的跳绳，这可能是他唯一拿得出手的体育项目了。跳绳满分会有额外的20分加分，因此，尽管他在其他项目上都勉强及格，但综合下来，他每学期的体育成绩总能达到优秀。也因为跳绳的成功，他意识到，只要多加练习，体育成绩肯定会有所进步的。

这种成就感，来自孩子通过某些特定的方法、外部的帮助或是凭借自己超强的毅力，成功突破了自己不擅长的事情，从而带来的欣喜。这种突破，完全基于他自己的成长对比，对他做其他事情时的自信心也会产生很大的帮助。

"长板"和"短板"、优势和劣势都是相对的。请不要拿自家孩子的短板去与别人家孩子的长板比较，这样就能避免焦虑。踏踏实实按照自己的节奏前进，一直努力向前就好，不要给孩子的成长灌输太多功利性的要求。这样哪怕他长大后注定平凡，回忆起童年时光时，内心也会是温暖和备受鼓舞的。

不要强迫孩子以痛苦为代价去追平别人的"长板"，他不必成为一个全面优秀的孩子。

在他还不够强大的时候，我们要鼓励他精益求精，专注于自己擅长的事情；当他能够集中时间把自己擅长的事情做到极致，那也是一种成功。

而且，当孩子在自己的"长板"领域获得越来越多的成就感，这种积极的情绪或许反过来能够带动他"短板"的发展。

当然，"短板"能长则长，若不能变长，那就暂且让它比别人短一些又何妨？教育，最怕给予太多，又要求回报太多。

6.3
我不允许你还不知道
闻名世界的费曼学习法

阅读的重要性，已经为众多家长所深知。持续阅读对于孩子全面提升各科学习的理解与运用能力都大有裨益。

在学习过程中，如果说阅读是输入，那与之相对应的输出同等重要。我深入研究过那些学霸的学习方法，发现他们之所以能够牢固掌握知识，就是因为他们在坚持输入的同时，也注重进行有效的输出。

要实现这一点，一个简单却极为有效的办法就是让孩子扮演小老师的角色。这实际上是运用了备受推崇的费曼学习法。

费曼学习法的核心理念在于，当学习新知识时，学习者应站在教授者的角度，用尽可能简洁、清晰、易懂的语言进行表达，使得外行也能听懂。

权威研究表明："教给别人"这一行为对学习的吸收率是最高的，可达90%。表面上看，你是在教别人，但实际上，你是在以教的方式倒逼自己查漏补缺，从而更全面地掌握知识。

费曼学习法的操作流程相当简单：首先确定学习目标或概念，然后深入理解学习，接着通过讲授来实践"以教代学"，最后进行回顾与反思，从而实现知识的简化与吸收。

以《西游记》为例，虽然大多数孩子都读过这本书或看过相关电视剧，对其中的精彩情节津津乐道，但能记住作者吴承恩的生平、《西游记》的写作背景，或者能总结出师徒几人的性格特征、共情人物心理的孩子却寥寥无几。然而，这些被很多孩子忽略的部分，恰恰是阅读理解考查的关键点。毕竟，没有考试会让你默写"三打白骨精"的故事！

那么，作为家长，我们应该如何引导孩子进行阅读呢？

胖豆上三年级时开始读《西游记》原著。在他阅读时，我就提议他读完后给爸爸讲讲书中的内容。他起初有些犹豫，觉得我们都已经读过那本书了。这时，胖豆爸发挥了他的演技，声称自己小时候家里穷没读过这本书，很期待胖豆能给他讲解。在胖豆面前，文科是胖豆爸永远的痛，理科方面我则是"傻白甜"。这是我俩的人设，但可能，也是事实。

但这让胖豆从此有了使命感，立志要文理兼修，以拯救我们这对"蹩脚"的父母。

胖豆内心那种"好为人师"的表现欲很容易被激活（其实这种特点在大多数孩子身上都能看到）。他拍着胸脯对我们说："放心吧，儿子一定帮你们弥补童年遗憾。"

因为知道回头要讲给爸爸听，胖豆阅读的时候就格外用心。遇到精彩的段落，他还会用荧光笔做标记，准备到时候重点讲解。

读完书后，胖豆迫不及待地给胖豆爸"开讲"，还特意找了块板子，讲一会儿拍一下桌子，模仿说书先生的样子，真是有趣极了。这样的活动不仅深化了孩子的学习，也大大增进了亲子关系。

接连好几天晚上，胖豆都开设了"专场"，给我们讲孙悟空大闹天宫、三打白骨精、大战红孩儿，以及猪八戒智激美猴王等精彩故事。我们每次都听得津津有味，连连称赞他讲得相当精彩。

当然，胖豆爸也会装出一副很"懵圈"的样子，提出一些简单的问题，比如，牛魔王跟孙悟空是什么关系？孙悟空和菩提老祖又是什么关系？问题越问越多，"逼"着胖豆把《西游记》中的主要人物关系都梳理了一遍。而我则会问一些更"高级"的问题，比如在他讲猪八戒智激美猴王时，我会问："猪八戒为什么要费那么多口舌去渲染沙僧、白龙马和妖精厮杀的场面呢？"

胖豆会认真地思考后回答我："因为其他几个徒弟都在努力救师傅，孙悟空也是唐僧的徒弟，也应该去救师傅。"

我进一步追问："那为什么猪八戒还要特意提起观音菩萨呢？"
胖豆解释道："因为孙悟空对观音菩萨又敬又怕。"听到这里，我不禁感叹:"天哪,猪八戒到底是个什么样的人啊,居然能如此精准地拿捏孙悟空的软肋。"

胖豆不慌不忙地回答:"猪八戒聪明机智,很会察言观色。"

发现没有?一番我问你答,不知不觉间,胖豆就做完了一套阅读理解题,而且过程轻松愉悦——他丝毫没觉得是在做"妈妈牌"作业。

胖豆爸也会提出一些关于作者吴承恩的问题,比如:"吴承恩到底是哪里人啊?他的身份是什么?除了《西游记》,他还有没有写过别的书呢?"面对这类答不上来的问题,胖豆总是很"鸡贼"地说:"这些问题我都知道,先听我讲完故事,下节课开始前再统一回答。"每当此时,我们也不会为难他,而是纷纷表示"都听老师的"。

课后,胖豆会主动上网查找相关资料。到了下一节课,他会自信满满地告诉爸爸:"吴承恩可是你的老乡哦,他也是江苏淮安的。而且,他还写过词集《花草新编》呢。"

值得一提的是,当胖豆能够脱稿、不带任何笔记地讲述这些内容时,就意味着他已经真正将这些知识内化为自己的了。

通过这"一堂课",胖豆的自主学习能力、知识记忆能力、思考理解能力以及演讲能力,都得到了锻炼和提升。

事实上,能让孩子展现自我、锻炼输出的机会无处不在。无论是短小的绝句诗,还是复杂的数学题,都可以成为他们展示才华的舞台。

胖豆老师教会了我很多数学难题,如鸡兔同笼、数字谜、必胜策略等。在学前阶段，家长们可以鼓励孩子讲述小故事或经典动画片的片段，并随时向他们"请教"，激发他们的讲解欲望。无论是在家里、车上还是睡前，这些亲子互动时刻都能成为引导孩子输出的良机。

去博物馆游览时，我总会提前预约"胖豆导游"，让他负责为我讲解展览内容。作为回报，我会付给导游一些辛苦费，通常是一个DQ冰激凌，这足以让他感到满足和自豪。

越适合脱稿的场合，对孩子的锻炼就越充分。

因为只有当他们真正记住并理解了某个知识点，才能脱稿流畅地讲解给别人听。当孩子能够清晰、有条理地讲解某个内容时，就说明他们已经真正掌握并学会了这个知识点。

所以，当我们发现孩子在某个领域表现出色时，不妨邀请他们担任我们的"小老师"，让他们尽情展现自己的才华和魅力。同时我们当好"学生"，保持谦虚、不懂就问的态度，并遵守课堂秩序。

如果我们发现孩子在某个知识点上存在不足，可以提前预约一场"专题课"，给予他们足够的时间去准备和思考。在讲课过程中，我们要多给予孩子肯定和鼓励，避免过多的现场刁难，让他们能够自信地完成讲解任务。

最后，我们要时刻牢记：我们的目的是让孩子变得更出色，而不是彰显自己的能干。我们经常能够听到这句话，"每个出色的孩子背后，都有一个优秀的妈妈。"但我觉得另一句话同样有道理："每个出色的孩子背后，都有一个懂得适当示弱的妈妈！"

6.4

学了记不住咋办？
赶紧试试康奈尔笔记法吧

小学低年级的笔记相对简单，孩子们的感触也尚不深刻。然而，随着他们升入小学中高年级，尤其是进入初中和高中后，课堂笔记的重要性就逐渐凸显出来，成为反映孩子上课质量和学习状态的一面镜子。

去年期中时，我偶然翻看了胖豆的生物笔记，惊讶地发现有两节课的内容，他竟一个字都没写。不出所料，那一周，我接连收到两位老师的投诉，反映他在课堂上的状态不佳。

我严肃地问他："说说你这一周到底怎么回事，为什么如此嚣张狂躁？"

他感到不妙，态度立马恭敬谦卑了起来："妈妈，你能不能先别生气？我知道我前段时间做得很过分，但是我现在不是已经在努力改好了吗？我马上找同学借笔记补上这两节课的内容，并且保证期中考试生物一定考好。要是考差了，你尽管收拾我，行不行？"

我承认，那段时间我确实疏忽了对他的监督，因为天天加班，有好一阵儿没有检查他的笔记，不然早发现问题了。

为了避免这种情况再次发生，我决定加强监督，每周至少抽样检查几次他各学科的笔记。

我之所以一有时间就重点关注孩子的笔记，是因为我一直深知记笔记的重要性。

首先，记笔记有助于孩子在上课时保持专注。老师曾告诉我，对于上课开小差，最好的解决办法就是记好笔记。我对此深表赞同，因为记笔记能够让孩子保持一定的紧张度，从而避免走神，提高听课效率。

好的笔记，是快速消化课堂知识的法宝。它浓缩了一堂课的精华，让孩子能够在最短的时间内复习并吸收所学知识。同时，标注出重难点和疑虑，还有助于培养孩子的自学能力、总结归纳能力以及思维发散能力。

此外，我想向大家推荐一款公认高效且适用性广的笔记法——康奈尔笔记法，也被称为 5R 笔记法。这种方法对于提升孩子的笔记质量和学习效果非常有帮助，值得大家一试。

康奈尔笔记法分为五个基本步骤。

第一是记录（Record）：在听讲或阅读过程中，将笔记本页面划分为左大右小的两个区域，左侧为主栏，用于总结关键词和概括重点。

在听讲过程中，应仔细聆听老师讲解，紧跟老师的思路，并参照板书内容，在主栏内，用简练的文字对老师的讲解进行概括，并分点阐述，确保中心思想被清晰记录下来。同时，可以用带颜色的荧光笔标记关键信息。

页面底部设有总结栏，用途在于思考和总结。这一环节是康奈尔笔记法的核心所在，旨在帮助学生进一步理解并拓展知识，实现知识的自我消化和吸收。学生应在此处查漏补缺，澄清概念，加深对知识点的理解，并将自己总结的内容写入该栏。

同时，为了让学习思路更加清晰，也可以将自己的听课感受、反思和想法等写在此处，以促进后续学习的思考，搭建起知识框架。此外，如果有重要的公式、方程等，也要记录下来。

第二是简化（Reduce）：课后及时对主栏内的论据、概念进行简明扼要的概括（简化），并写入右侧副栏，即回忆栏。

第三是背诵（Recite）：遮住主栏内容，仅依靠副栏中的摘记提示，尝试完整复述课堂上讲过的内容。

第四是思考（Reflect）：将听课过程中的随感、意见和经验体会等与课程内容分开记录，可以写在卡片或笔记本的单独部分，加上标题和索引，以便整理和查找。

第五是复习（Review）：每周花 10 分钟左右时间快速复习笔记。主要看副栏（回忆栏）内容，适当看主栏。

康奈尔笔记法适用于各种讲授或阅读课程，尤其适用于记录听课笔记。通过这种方法，可以有效地记录、理解和记忆所学内容。

大家可以选择自己在本子上划区制作，也可以购买现成的"康奈尔笔记本"。

关于记笔记，我们要遵循"课上两不要，课后两必须"的原则。

"课上两不要"包括以下两点。

第一，老师讲的内容不要照搬全记。

孩子们在记笔记时，不用充当相机或录音机。记笔记的真正目的是什么？是把老师讲的关键内容记下来，便于课后复习。如果笔记过于冗长详细，孩子们听课时的主要任务就会变成进行"会议速记"，反而会降低学习效率。

记笔记，最主要的是记知识点框架、难点易错点、补充点，最好用不同颜色的笔进行标注，同时写下自己的总结和思考。

第二，不要完全照抄他人笔记。

很多孩子都这么做过，包括胖豆。他们上课就瞪着眼睛听讲，完全不动笔，课后抄一下同学的笔记，觉得反正是同一个老师讲的，笔记内容就应该一样。

然而，好的笔记是融入了个人对讲课内容的理解和对重难点的判断的，不可能千篇一律。别人觉得简单的，如果你觉得有困难，也应该记到笔记里；相反，别人觉得困难的，你觉得毫无难度，就可以不用记录。别人的笔记，未经自己大脑的把关筛选，如何反映真实的重难点？这样的笔记抄了意义也不大。

"课后两必须"指的是以下两方面。

第一，课后务必趁热打铁，及时回顾课堂内容并完善笔记。

如果老师讲课的速度较快，建议先专心听讲，仅记录纲要和重点，并标注好关键词，预留出适当空白。课后则应及时回忆与理解，填补遗漏之处。如果实在想不起来，可借阅同学的笔记尽快补充上。同时，对于笔记中标注的疑问之处，也要及时弄明白，不管是询问老师还是同学，总之要确保理解后再做记录。

第二，必须对笔记进行进一步整理，以形成个性化的复习资料。

在内容记录完整的基础上，可以对笔记进行修改与梳理，用统一的序号进行标记，或使用彩色笔勾画出重难点，使要点更加突出。在复习过程中，还可以剔除掉一些无关紧要的内容，以保持笔记的简洁明了。

一本好的笔记，其实就是一部经过浓缩与提炼的学科资料。通过这种方法，孩子们能够在复习时先把课本"读薄"，大幅提高了学习效率。

总的来说，对于大多数孩子而言，笔记记得好不好与他们的学习状态和学习成绩密切相关。因此，重视并做好笔记是提升学习效果的关键一环。

6.5

谁说男孩开窍晚，
那是你还不知道这些打通学习"任督二脉"的技法

我常说，学习从来没有一蹴而就的捷径，需要我们过程中持续努力，并对结果保持佛系。只要方向是对的，作为家长，我们要有静待花开的勇气和耐心。同时，我也坚信学习是有法可循的，高效的方法能够让学习事半功倍，授娃以鱼，不如授娃以渔。

这几年，我和身边许多清华、北大的学霸进行了深入交流。此外，网上各种学霸的经验我也认真研究了很多。我发现，清华、北大的很多学霸并不是我们想象中那种智力超常的孩子，他们的父母也大多是普通人，甚至不少父母的文化水平并不高。

经过深入研究，我总结出几个学霸普遍具备的共通点，现在分享给大家。事实上，有些学习习惯不仅对孩子有用，成年人也可以用来提升自己的工作和学习效率。

私人定制的时间管理方案

成绩好和成绩差的学生之间最大的差距，不在于智商，而在于如何有效利用时间。

第一点，建立属于自己的作息时间表，并坚定地执行它。

大多数学霸都会制订每日学习计划，并列出详细的任务清单。这份清单不是从网上抄来的，而是根据自己的节奏和效率，科学定制的专属任务清单。

规律，即是效率。几点起床、睡觉，何时学习、运动，这些都应尽量保持稳定，不受他人影响，也不要轻易为任何人改变。当孩子在清单上逐一完成任务并打钩，这种"仪式感"会让他们感受到进步的喜悦。你会发现，当孩子的任务清晰可视化后，他们的学习效率也会因此翻倍，从而更加热爱学习。

为了激励孩子主动在规定时间内完成任务，我们要与孩子明确区分"必须做的事"和"他想做的事"。例如，胖豆9点前的任务清单上都是他必须做的事，9点以后可以玩半个小时的游戏，这是他想做的事。

第二点，找到专属于自己的黄金高效时间。

为了提高学习效率，学霸们通常善于发现并充分利用自己注意力最集中、学习效率最高的时间段，并将需要深度思考或记忆的学习内容安排在这个"黄金时间"里，以达到事半功倍的效果。

这个"黄金时间"因人而异，有的人习惯早睡早起，早晨是他们学习效率最高的时段，他们可能6点就起床学习，等别人8点开始学习，他已经学了快两个小时了。

而有的人则在夜深人静时精神最为饱满，他们会在那个时段复盘当天所学的知识，以达到最佳的学习效果，并把难啃的题目也放到那时去搞定。

既然没有标准答案，那大家可以观察一下自己孩子的黄金时间，可以尝试将任务按难易程度分配到一天中的三个不同时间段，通过1～2周的实践，找到适合自家孩子的个性化时间分配法。

在制订暑期计划、寒假计划或每日作息时，不要盲目"抄作业"，因为每个孩子的学习水平、接受能力和黄金时间都不同。只有因材施教、因时制宜，才能确保学习效率。

在这一过程中，有几点需要注意。

首先，要确保为孩子设定的任务是科学合理的，既要保证足够的休息时间，也要用心评估孩子完成每项任务的平均用时。

其次，一旦定好任务，不应以任何理由临时增加额外任务。如果家长总是见不得孩子闲下来，随时加量，孩子很可能会养成磨洋工的习惯。

最后，要利用好碎片时间，比如胖豆会在洗澡的时候听些科学史评话，坐车的时候听些历史故事，等等。

错题本

我了解到，几乎所有的学霸都有自己的错题本。错题本，其实是孩子为自己量身定做的学习资料，比市面上任何辅导书都更具参考价值。

胖豆爸本人就是错题本的资深受益者。通过反复消灭错题，他曾在 2 个月内从班级 34 名逆袭到全年级第 6，之后更是凭借着这一方法，在物理竞赛中荣获江苏省第一名，甚至在考研时，这个方法也屡试不爽，被他视为提分利器，反复向胖豆强调其重要性。

我们会指导胖豆将他一段时间内的错题进行整理，盖住答案后重做一遍。对于第二次还不会做的题目，我们会鼓励他及时向老师或父母请教，并将这些错题记录在错题本上，标上星号。

在这个过程中，我们还会引导他看看自己的方法和步骤与课本的标准解答有没有不同。如有不同，就分析产生的原因以及可能的利弊，从而找出自己知识上的盲点。对于会做的题，则直接跳过，避免浪费时间。

同时，每隔一段时间，如一周或半个月，我们会安排胖豆将所有的错题再次复刷，以确保彻底消灭知识盲点。在复刷过程中，对于仍然出错的题目，我们会再次标上星号，并根据题型进行针对性攻克。

之后每到期中考试或期末考试前，胖豆就会拿出错题本，复习所有已标星号的错题，仍然是盖住答案重做。部分题目可能会再次遗忘，这很正常。他会及时求助老师，并在这道题目前再次标上星号。

这样，该题目的星号数量就代表了他需要重点关注的程度。

一二年级的孩子如果觉得整理错题集太麻烦，也可以直接在作业本或试卷的错题前标上星号，复刷流程同上。

这个方法之所以见效快，根本原因在于我们将时间和精力集中在了孩子不会的薄弱部分。提分的本质在于补短板，而在实际操作中，改错题是最直接有效的方式。通过反复出击短板，直到将其粉碎，我们能够实现高效率且结果良好的学习。

如果英语学习的秘籍是多听，那么数学学习的秘籍就是整理错题。

会复习

学霸们的另一个共同点是会复习。那种"过目不忘"的天才毕竟凤毛麟角，而大多数所谓的"天才"都是复习的高手。什么是复习呢？就是对自己学过的知识进行查漏补缺和总结归纳，它不仅能提高学习质量，更能优化学习效率。

那种常见的"一听就懂，一看就会，一考就废"的情况，十有八九与缺少复习或者复习不当有关。学习是一个伴随着遗忘的过程，很多孩子面临的真正问题，不是学不会，而是忘得快。

对抗遗忘的最佳策略，就是趁热打铁，反复复习。复习应当融入日常学习之中，成为一种自然而然的习惯，而非仅仅为考试而准备的应急手段。复习的驱动力应来源于学习的内在需求，而非外在的考试压力。

平时开展复习的方法很简单，关键在于有意识、有规律、及时地进行：每晚，鼓励孩子像过电影一样快速回顾一下当天所学；每周，对本周的学习内容做一次小结；每月，对当月所学内容进行一次全面的梳理；每学完一个知识单元，就进行一次系统的复习；同时，结合错题本进行有针对性的复习。

这样做最大的好处，就是能让考前的大复习变得非常轻松。这正是我们学生时代流传的那句话：大考大玩，小考小玩，不考不玩。通过平时的扎实复习，考试前自然能够胸有成竹，从容应对。

善于提问和深度思考

之前，我曾向一位学霸妈妈倾诉我的苦恼：胖豆记笔记总是很粗放，上课时动嘴比动笔多，因此经常被老师点名提醒。她宽慰我说："不必过分纠结孩子是否能百分之百地记下笔记，因为老师的笔记，孩子不一定要完全复刻。"她认为，比起记笔记，更应该关注的是孩子在每次听课后能不能提出至少三个问题。

当然，这不是鼓励孩子在课堂上随时向老师提问，毕竟课堂秩序也很重要。但可以让孩子随堂把想问的问题记在本上，课后向老师或同学请教。因为提问是深度思考的表现，有助于孩子加深对知识的理解。学习的过程，本质上就是一个不断发现问题和解决问题的过程。

不少父母都问过我："胖豆妈，我家孩子不爱提问怎么办？"对此，我想分享一点自己的经验。当孩子向我们提问时，我们一定要认真对待他的问题，让他感受到他的提问是被重视的。同时，我们还要鼓励他，告诉他他的问题问得很好。相信我，这一点非常重要。

每个孩子都会有不懂的东西，内心也一定会有疑问，但他们之所以不敢问，大概率是害怕被别人嘲笑。因此，我们要努力营造一个鼓励提问的氛围，让孩子敢于表达自己的疑惑。

另外，当孩子提出一个问题时，父母尽量不要直接给出答案，而是要通过引导、反问等方式促进孩子思考，让孩子自己说出答案。因为好奇心是提问的原动力，而且往往会在得知答案的那一刻停止。

最后，建议父母在孩子每天回家后多问问他："你今天在学校提了几个问题？有没有难住同学和老师的问题？说出来听听，看看能不能难住我？"通过这样的引导，孩子会逐渐养成多提问的习惯，再加上我们的及时鼓励，孩子就会变得越来越爱提问。

6.6

强烈推荐:
"以小博大"的晨读! 每天 20 分钟, 复利惊人

之前, 我与一位一年级孩子的妈妈进行了交谈, 她问了我一个很有意思的问题, 大意是说: 都说小学阶段培养学习习惯最重要, 但如果只能选择一项来培养, 而且每天投入时间不超过半个小时, 你会选哪项? 我深知这位妈妈的顾虑, 小学生往往自制力较弱, 过于繁重或多样化的任务他们很难坚持下来。说实话, 我之前从来没想过这个问题。

在深思熟虑后, 我的答案是: 晨读。原因有以下几点。

首先, 晨读较容易坚持。孩子们要早起上学, 这就为晨读提供了时间保障。同时, 晨读的习惯有助于培养孩子的时间管理能力和自律精神。

其次，一日之计在于晨。晨读能够刺激脑神经，使之兴奋活跃起来，从而提升孩子当天的记忆力和专注力。

再次，晨读可以提高孩子对课文的熟悉程度，培养他们的语感，增加他们的文学积累。

最后，长期坚持大声、有感情地朗读，是一种非常好的表达训练，能帮助孩子更加流利、自信地表达自我。

6.6.1 晨读读什么？你值得拥有的320原则

"3"代表的是晨读的三项基本要求：要站直了读，要大声朗读，以及要流利且富有感情地读。"20"是指每天进行20分钟高质量的晨读。这个时间设置既不过短以保证效果，也不过长以确保大人和孩子都能长期坚持。

晨读有三个要诀：首先，要大声朗读，读的时候嘴巴要张大；其次，要读得流利，直到不出现磕巴为止；最后，要带入感情去读，即使夸张一点也没关系。大声朗读有助于唤醒大脑，提振孩子一天的精气神。同时，大声朗读，能够让嗓子和耳朵协同工作，这有助于增强孩子的记忆，使记忆更加牢固。

胖豆性格开朗，朗读时经常激情澎湃，像演话剧一样，还自带肢体语言，面部表情丰富。每次，我都会给他点赞，我觉得夸张一点没关系，这说明他投入情感了。

对于小学中低年级，尤其是一二年级的孩子来说，如果时间允许，一定要多进行大声朗读。朗读的作用远远超过了泛读和写作。

这是因为在这个阶段，孩子们经常会出现不认识生字、读漏字和读错字、词语顺序颠倒等问题，甚至有时会无意识地跳行或串行。如果平时只是默读，这些问题就会成为漏网之鱼，很难被发现和纠正。

6.6.2　晨读怎么读？337 晨读法看过来

337 晨读法的核心要点是朗读，而不是背诵！

虽然不以背诵为目标，其效果却远胜单纯的背诵。

因为大声朗读，孩子们为了读得顺畅、好听，就要深入理解作者所表达的内容。断句的选择、语气的把握，都能体现出孩子对文章的理解程度。常言道"书读百遍，其义自见"，很多文章和诗歌背后的故事和道理都需要时间来慢慢内化。

第一个"3"指的是三种体裁。

很多老师建议小学生晨读优先选择的 3 种体裁是古诗词、文言文和现当代散文。从古诗词到小古文，再到长一点的文言文，新课标已经指出了明确的方向；传统文化和课外古诗文在小学生学习中所占的比重会越来越大。这部分内容在中考和高考中常常是拉开分数的关键点，而且它们的学习没有捷径可走，也没有什么技巧或套路，全凭学生的语感和日常的积累。值得一提的是，古诗文天然就适合作为晨读材料，例如像《论语》《孟子》里的一些排比句，特别押韵，越读越有气势。对于考纲内的古诗文，学生应该反复熟读成诵，同时，课外也要根据孩子的接受程度适当进行拓展学习。如阅读《古文观止》里的经典篇目，包括《曹刿论战》《桃花源记》和《五柳先生传》等。

读现当代名家散文，不仅能够积累丰富的词汇，还能在潜移默化中培养孩子的审美能力。那些坚持阅读的孩子，他们的作文语言水平往往比普通孩子要高出很多。像冰心的《繁星·春水》、朱自清的《匆匆》和《背影》，以及余秋雨的一系列作品，都可以给孩子安排阅读。

虽然我们建议孩子优先阅读主流的三类体裁，但并不是说只能阅读这三类。实际上，我觉得也可以自主选择朗读优秀作文、好词好句，甚至可以选读英文读物。

在选择阅读材料时，可以短时间内固定某三种体裁进行深度阅读，但可以根据孩子的兴趣和需求进行动态调整。需要特别提醒的是，刚开始培养晨读习惯时，选择孩子喜欢的体裁至关重要。只有孩子愿意每天读，不感到厌烦，才能真正培养出对晨读的兴趣。家长不要强行塞给孩子自己觉得很有用但孩子却讨厌的体裁。毕竟，培养孩子的阅读兴趣和坚持晨读的习惯，比具体读了哪本书要重要。

第二个"3"指的是每种体裁，各选 3 篇文章。

这个数量并非一成不变，毕竟不同体裁的文章长度和难度差异很大。比如《春夜喜雨》和《北冥有鱼》就分属完全不同的难度级别。因此，家长应根据孩子的实际情况和阅读节奏，灵活调整文章数量。此外，家长还可以根据孩子的需求，决定当周是选择全新的 3 篇，还是复习上周的 3 篇，或是新旧内容交错进行。

不少家长会根据艾宾浩斯记忆曲线来安排晨读内容。这种方法确实有其科学依据，但家长也不用太过拘泥于形式。毕竟太纠结于结果，就不是无痛晨读了。我们要让孩子享受晨读的过程，而不是被迫走流程。

"7"指的是每周 7 天。

每周 7 天，孩子反复朗读固定的 3 种体裁的文章。一周后，再换一组新的文章进行晨读。以 7 天为一个周期，是因为根据孩子的记忆力特点，经过一周的大声重复朗读，90% 以上的内容都能够被孩子记住。这样坚持一年下来，孩子不知不觉中就积累了大量的语文素材。

当然，"7"这个数字也不是绝对的。如果孩子在 7 天内无法完成一组文章的晨读任务，家长可以适当延长周期，比如调整到 10 天一组。反之，如果孩子的记忆力很好，能够在更短的时间内掌握一组文章，那么家长也可以相应缩短周期。总之，"337"这个数字本身并不重要，家长完全可以根据孩子的实际情况和进度，灵活调整晨读计划。

需要提醒的是，要想让孩子坚持晨读，家长的陪伴至关重要。对于值得重视的事情，无论多忙都要抽出时间。每天 20 分钟对我们来说不算什么，但对孩子来说可能会改变他们的一生。我们还等什么呢？

6.7
天生共情力差的男孩，
怎么能轻松养成受用一生的作文能力

语文是最难速成的科目，作文能力更是如此。但一旦量变引起质变，达到相当高的水平，它们也是最难退步的科目和能力。

作文是很多孩子的大难题，尤其是男孩。他们的共情能力稍显不足，也不够敏感细致，导致写作文时往往感到很费力。要么无从下笔，要么写出来的就是啰哩啰唆的流水账，毫无美感和文采。

胖豆也曾经历过这样的困境。一到写作文，他几个小时写不了几笔，有时甚至搞得家里鸡飞狗跳。但着急是没用的，尤其是在作文方面，拔苗助长更是行不通。我们需要多一些耐心，进行合理规划，并给予他正确的引导。

只要方法得当，并坚持去做，效果就会慢慢显现。

胖豆从当年的作文困难户，慢慢变得有话可说、有文可写，到如今居然敢自信地参加作文比赛，并屡获佳绩。这再一次证明没有什么是不可能的，任何时候开始都不算晚。

强调一点，我们从来没有学过任何网上的作文训练课，他的进步都是靠平日的积累、合理的规划以及持续的练习。我并没有贬低网课老师的意思，而只是想说，无论由谁来教导，若脱离大量的阅读和练习，仅仅空谈写作技巧和模板，那就是在舍本逐末、拔苗助长。

6.7.1　学龄前："口头作文"有点儿意思

回顾胖豆的学龄前阶段，我们基本上采取的是原生态的放养方式，没有过多的规划。这导致他上小学后，在写作方面开窍比较晚。尽管他从小生长在一个大家庭，与众多家人的交流使得他的口头表达能力很强，但为什么在书面表达，尤其是写作文方面显得那么费劲呢？

我认真思考了一下，认为问题主要出在两个方面。首先，他的思维很跳跃，想到哪儿就说到哪儿，欠缺逻辑性的组织。其次，作为一个性格比较大条的孩子，他对细节的观察和记忆能力相对很弱。在上学前，我们也没有刻意引导他培养这方面的能力。所以，当面对作文这一需要细致观察和描述的任务时，他往往感到大脑一片空白，无话可写。

基于我们的教训，我建议学龄前孩子的家长们可以有意识地训练孩子"说作文"的能力。这不用你特别做什么，只需在与孩子的日常沟通中稍加引导即可。

举个例子，当孩子请求你帮忙拿玩具时，不要直接拿给他，而是可以通过一系列问题引导他描述这个玩具。比如："这个玩具长什么样子呀？""是什么颜色的呀？""它到底怎么好玩呀？"这样的问题能够促使孩子去观察、思考和感受，从而提升表达能力。

再比如，当孩子与你分享他觉得有趣的事情时，你可以多询问一些细节："这件事里都有谁呀？""是在哪里发生的呢？""什么时间发生的呀？""你为什么觉得这件事很有趣呢？"

如果孩子的表述是凌乱的、与事实脱节的，我们可以耐心地教会他如何仔细观察并将看到的、听到的、触摸到的以及心里想到的细节连贯起来。当孩子能够把一件小事清晰细致地描述清楚，其实就已经完成了一篇合格的低年级小作文了。

6.7.2 1～2年级：我愿意写，我会写，我很棒啦

在这个阶段，学校主要考查的作文类型是看图写话。孩子需要达到的基本目标是：对写话有兴趣，愿意写出自己想说的话，会写想象中的事物，以及写出自己对周围事物的认识和感想。然而，大多数刚上小学的孩子都与胖豆一样，面临着无话可写、凑字数的困难。

接下来，我将谈谈这个阶段的孩子面临的主要问题。

首先，说和写之间的转换不够流畅。很多家长都遇到过我当初的困惑：孩子说得头头是道，一提笔就无从下手。我专门就此问题请教过胖豆的语文老师，她解释说，说和写其实是两种不同的技能，很多

孩子都难以在这两者之间自由转换，这是一种很正常的现象。

为了解决这个问题，家长可以尝试让孩子用手机录下自己的口头表达，然后再根据录音内容整理成书面文字。通过反复练习，孩子就能学会如何将口头语言转化为书面语言。

其次，看图写话时，孩子往往只能写出图片中的部分信息，难以达到字数要求，胖豆也曾遇到过这样的问题。其实，学习看图写话是有方法可循的，可以分三步进行。第一步，抓住图片中的关键要素，写出中心句，这是确保不跑题的关键。在提炼要素时，要注意时间、地点、人物和事件这四个方面。第二步，仔细观察图片中的细节，尽量加上环境描写，使画面更加生动。第三步，发挥自己的想象力，运用平时积累的好词好句，让语言更加优美丰富。除此之外，还有其他一些有用的技巧，比如给人物起个有趣的外号。

最后，可以通过写日记来练习写作能力。虽然写日记并不是学校老师的要求，但我觉得这是这阶段非常重要的家庭学习任务。因为写日记能够让孩子在没有命题作文压力的情况下进行写作练习。

我从胖豆二年级开始就让他坚持写日记，他坚持写了两年，一直到四年级学习任务多了之后才停下。

刚开始写日记时，胖豆会遇到很多想写的字词不会写，就用拼音替代，但我并不鼓励他这样做，而是引导他尽量用自己会写的字来写，这样就不用分神去考虑某个字该怎么写。如果必须用到某个不会的字，也可以先用拼音代替，但事后一定要查字典把汉字补上去。

我对他的日记的要求是记录自己最想记录的事情，并尽量做到具体、细致、真情实感。这样，孩子的日记不仅可以成为作文的素材，甚至可以直接作为一篇完整的作文来呈现。

即使孩子有时的表达欲望不强，只写了几句话也没关系，重点是保持写日记的习惯。只要坚持天天写，无论篇幅长短，久而久之都能带来显著的进步。

6.7.3　3～4年级：管他什么命题作文，我再也不怕啦

进入三年级后，学校开始要求孩子学写几百字的长作文。孩子们不再是单纯表达清楚自己的想法就行了，而是要学会建构文章的结构，包括明确的主题、合理的开头和结尾。

与此同时，阅读理解题的难度也在逐步增加。在这种双重挑战的夹击之下，很多家长会发现孩子的考试成绩出现大幅下滑，这就是人们常说的"三年级现象"。其实，这主要是因为孩子的基础没打好，导致他们难以适应这种突如其来的难度提升。

从三年级开始，家长们需要有意识地训练孩子的作文应试能力。这包括教会孩子如何审题、确定主题，并在此基础上搜集和合理组织素材，同时还要注意控制写作时间，确保字数达标。

很多孩子虽然想象力丰富，喜欢天马行空，但一旦进入命题作文的框架，就仿佛被捆住了手脚，写出的作文四不像，自然难以获得高分。

另外，还有一些孩子是没有充分理解命题作文的要求，导致写作方向出现偏差。

例如，胖豆曾有一篇作文被老师要求重写，他思来想去都不知道怎么改，于是来向我求助。他说老师要他找一个具体的事例来说明他爸爸是个"物理天才"，但他觉得他爸爸就是个普通人，总不能编一个他爸爸获得诺贝尔奖的事例来说明他是个天才。

我看了他的作文，并没有发现什么需要重写的大问题，在仔细询问了作文要求和阅读了原题后，我终于发现，他的问题在于没有运用课本中提到的"典型事件描述法"来写作，这就是一个我前面说的写作能力不等于应试能力的典型例子。你写得再好，要是与考试要求不符或贴合度不高，也会被扣分。

因此，对于三四年级的孩子来说，作文方面确实提出了更高的要求。他们不仅需要掌握文章的结构和章法，避免写出流水账式的文章，还要学会审题、确定主题和选择契合主题的内容。只有这样，才能更好地应对写作文的挑战。

6.7.4　5～6年级：立意！共情！我升华了

到了这个阶段，大多数孩子都能够清晰地叙述一件事、描绘一处景或刻画一个人物。然而，要想在写作上更上一层楼，与同龄孩子拉开差距，脱颖而出，关键就在于立意的高远和深层表达的锤炼。

有些人或许会强调文笔的重要性，的确，优美的文笔能够为文章增色不少。但真正让人印象深刻、深感触动的文章，绝非仅仅依靠华丽的辞藻。这些年，真正打动我的高分文章，往往语言朴实无华，但是拨动了我内心的某根弦。

那么，文章的本质究竟是什么呢？其实就是作者想要表达的情感和观点。经典名篇之所以历久弥新，往往就是因为其中某句话撑起了整篇文章的灵魂。比如《岳阳楼记》中的"先天下之忧而忧，后天下之乐而乐"，《爱莲说》中的"出淤泥而不染，濯清涟而不妖"。

虽然我们的孩子难以一时之间写出这样深刻的千古名句，但他们完全可以做到另一个关键点：真情实感。真情实感最能打动人，这无须我多言。而培养共情能力的途径，则在于广泛阅读和多体验真实生活。

对于年龄稍小的孩子，可以通过鼓励他们读绘本、故事和小说，引导他们识别并表达文中主人公和自己的情绪，学会换位思考。而对于大一点的孩子，可以多带他们走出家门，无论是旅游还是体验不同的生活方式。如果孩子的生活永远是家庭—学校两点一线，那他的文章里，就免不了一提坚韧就是跑步，一写辛苦就是妈妈做饭。

我们不能怪孩子们写出的文章寡淡乏味，巧妇难为无米之炊。若没有丰富的生活经历和素材积累，他们如何写出富有共情力的文章？写作的秘诀，无论对于孩子还是大人来说，都在于写自己熟悉的、具体的、感动自己的、喜欢的以及亲身体验尝试过的事情，同时表达出真实的感悟，这样的内容才最容易触动人心。

6.8

真的学霸，
都敢于直面数学

　　我观察到一个特别有意思的现象：在众多学科中，家长们似乎对孩子的数学成绩格外上心，远超过对语文和英语的关注。在学霸的仰视链中，数学学霸也比其他学科的学霸让人高看几眼。

　　每当提到某个孩子上中学了数学还能考满分，其他家长总是忍不住交口称赞，冠以"真学霸"的美誉；而若是地理、历史满分，大家的反应就平淡得多。

　　我认为，这种现象的出现与当前大环境下的教育氛围不无关系。许多家长一旦发现孩子数学学习有困难，就会立刻产生"完了，我娃不聪明"的心理暗示。这种暗示进而带来巨大的压力，让家长和孩子都难以承受。

但事实上，这些言论存在明显的偏颇，误导了很多不明就里的家长。

竞赛之路毕竟只适合极少数的孩子，这是一条非常小众的道路。如果说要在数学、物理、计算机等竞赛中取得优异成绩需要有高智商作为基础，但是当我们回到常规的教育轨道——小学、中考乃至高考时，我们就会发现：天赋和智商并不是决定性的因素。"习惯 + 方法 + 执行力"的差异才是学生成绩好坏的关键所在。即使是在最强调天赋的数学学习中，这一点也同样适用。

一位名校中学教师曾说过这样一句话："如果学生能够把课本上的每一个知识点、公式定理以及例题习题全部搞清楚，那么他们在高考中至少能够解决 80% 的题目，就能够考到 120 分以上。"

难度最高的高考尚且如此，更不用说难度和区分度都相对较小的小学校内考试和中考了。

6.8.1 为什么有些小孩数学越学越好？立足课本了呀

数学学习，首要之事就是立足课本。然而，我观察到一个矛盾的现象：数学基础薄弱的孩子，家长和孩子往往都不重视课本，反而热衷于各类校外辅导书和练习册；对于课本上的原题，他们要么不会做，要么不屑一顾。

这显然是一种本末倒置的做法。他们总是幻想通过某本所谓的"最牛教辅"来提高孩子的数学成绩，但事实上，最牛的教辅就是课本。

要让孩子在数学上有所突破，提升分数，回归课本才是关键所在。小学和初中数学考试的题目，高达80%都是基于课本例题的原型或稍做变动而来。可能仅仅改变了某个数字，或是调整了已知条件，但解题的核心思路和方法依然如故。

对于校内数学成绩欠佳的孩子，可以试试回归课本这种简单而有效的方法，具体操作步骤如下。

- 鼓励孩子将课本上的例题和课后习题反复做三遍，直到孩子看一眼题就能知道答案，这就说明他们已经熟练掌握了相关知识点。
- 如果时间允许，可以让孩子每天讲解一道例题。例题作为母题，蕴含了丰富的知识点和解题思路。通过讲解，孩子不仅能够深化对知识点的理解，还能提升他们对数学的自信和表达能力。

6.8.2 学会听课，有效刷题才是正道

在数学学习的问题上，认真听课并不够，我们还要引导孩子学会听课。老师的授课进度和内容往往是针对大多数孩子的水平而设计的，因此不可能完全契合每个孩子的学习节奏。孩子需要学会在听讲过程中进行筛选和评估，着重记录重点和难点，而对自己已经熟悉的内容则可以适当略过。

同时，在听课过程中，孩子还可以尝试将被动听讲转化为主动求知。他们可以在听讲的同时思考老师所讲的知识点，尝试进行推演和发散，或者寻找更优的解题方法。这种主动求知的态度不仅能够提升孩子的听课效率，还能激发他们对数学的兴趣和信心。而且，这种边听课边强记的做法，还可以大幅缩短回家后的复习时间，从而提升孩子写作业的效率。

毋庸置疑，数学的学习离不开刷题，但我们要有选择性地刷题，确保每道题都能带来实效。那么，哪些题是我们应当避免的呢？

首先，不要刷网上随意找来的、出处不明的题目。这些题目可能缺乏严谨性，甚至存在知识性错误，刷了反而会误导孩子。其次，避免刷没有答案的题目。不知道对错，做了等于白做，无法检验自己的学习效果。最后，偏题、怪题也要敬而远之。这类题目性价比极低，不仅浪费时间，还可能带偏孩子的学习方向。

哪些题目才是我们应该刷的呢？课本上的例题、课堂讲解的例题、课后的习题、老师布置的作业题、自己错题本里的题目，以及错题的同类题和变形题，还有历年考试真题和权威出版社出版的题目，这些都是可以刷的题目。至于更多更难的拓展类型的题目，可以根据孩子的接受能力来进行安排，量力而行。

此外，我要特别强调错题的重要性。很多孩子在做题时一听就会，一做就错，改了还错，这往往是因为他们没有重视刷错题。错题是孩子学习的薄弱环节，只有通过反复练习，才能真正掌握其中的知识点和解题技巧。因此，家长一定要鼓励孩子建立错题本，并定期复习错题，做到举一反三，触类旁通。尤其是考试前，错题本才是孩子最好的复习资料。

当然，刷题也要适可而止。过度刷题可能会让孩子对数学失去兴趣，反而得不偿失，我们应该根据孩子的实际情况和接受能力来合理安排刷题量，让孩子在保持兴趣的同时，稳步提升数学成绩。

6.8.3　顺序不同，效果大不同：先做作业还是先复习

这个问题必须引起我们足够的重视，我发现，很多孩子回家做作业时，常常是拿起作业本直接开始做，事实上，这种做法并不明智。作业的本质是帮助我们更好地理解和掌握课堂上的内容，进而巩固和深化我们的知识结构。只有当我们真正掌握了课堂上的知识，才能准确无误地完成作业。

事实上，很多孩子都做不到这一点。尽管很多孩子在课堂上回答问题很踊跃，看似听懂了老师的讲解，但一做题却错误百出。这可能是因为孩子误以为自己已经听懂了，但其实有些知识点，他们只是跟着老师的思路看明白了，却没有记住和吸收。所以一到独立应用知识点，他们就搞不定了。

比如，胖豆有时解题错误，怎么检查都发现不了问题，最后才发现，原来是复杂的公式没有记清，导致代入时出现了错误。数学公式是做题必备的武器，需要孩子理解并牢固记忆，这就需要我们在做作

业之前先复习一遍，以确保记忆清晰准确。

另外，复习时可以再去看一遍典型例题，梳理一下老师的解题思路和方法，这不仅能够提高孩子的解题速度和正确率，还能使其更好地吸收和掌握知识。

6.8.4 普通孩子最该知道的数学习惯，一个都不能少

其实，每一门课程都有其独特的学习习惯，数学也不例外，这些习惯对于学习效果至关重要。

在小学数学学习中，应该着重培养孩子以下学习习惯：首先，要养成不懂就问的习惯，及时解决疑惑；其次，审题时要认真，圈出关键词，避免因为粗心大意而犯错（对于粗心的孩子，要求他们至少审两遍题）；计算完成后，要养成认真检查验算的习惯，尤其是那些经常粗心的孩子；列竖式计算时，要注意对齐；解答应用题时，要清晰地写出解题步骤；学习几何时，多画图有助于理解；最后，要养成使用草稿纸的习惯，不要轻视这个细节，它可能是孩子数学丢分的原因。

说到草稿纸，很多孩子可能并不重视。他们要么不喜欢打草稿，要么草稿写得杂乱无章。然而，真正的学霸却非常注重草稿的规范性，因为这有助于他们厘清思路，减少失误。例如，在人大附中的早培考试中，草稿纸的使用就受到了严格的限制——每场考试只提供一张草稿纸，并且考试结束后与试卷一起上交，这无疑是在考查学生的

思路和条理性。

除了上述的学习习惯外，我们还需要关注孩子的情感因素。如果孩子对数学产生消极情绪，我们首先要做的就是帮助他们找到一个好的榜样，比如一个数学学得很好的朋友或同桌。同伴的影响力是巨大的，远远胜过父母的唠叨和逼迫。同时，家长也要付出更多时间陪伴孩子学习，从简单的题目开始讲起，及时给予鼓励和认可，激发孩子对数学的兴趣和成就感。

最后，我想强调的是数学学习的基础——计算能力。提高计算能力需要持之以恒的训练和正确的方法。例如，可以每天进行定时的口算练习，通过多元化的训练形式激发孩子的兴趣；同时，要帮助孩子理解算理，掌握巧算的方法；养成良好的计算习惯也是提高计算能力的关键。只有这样，孩子的数学基础才能打得更扎实，未来的数学学习之路也会更加顺畅。（胖豆训练计算能力的五种方法，见随书附赠的电子文档，欢迎扫描封底二维码领取。）

6.9

血泪教训：
那些年，我们在学习上踩过的坑

最后，我想总结一下我们这些年在学习上所遇到的坑，毕竟，少走弯路就相当于走了捷径。在学习的道路上，我们虽然整体方向正确且取得了不错的阶段性成果，但也踩过一些坑，而且，有些坑是到了中学阶段才后知后觉的。今天，我要分享的这几个"坑"，在小学时我并未过多关注，但进入中学后，我才发现它们确实是不容忽视的问题。

6.9.1　最大的遗憾：没有坚持阅读文学类书籍

我们踩的第一个坑，是没有让胖豆养成持续阅读文学作品的好习惯。

胖豆从小爱读书，书读得不少，但他更偏爱数学和科普类读物。小学阶段，由于读书多，练习也够，他的表现一直还令人满意。

但进入中学以来，随着作文命题越来越多元化，作文要求也不再像小学阶段那样，只要叙事清楚、逻辑清晰即可。

在翻阅老师精选的班级优秀作文时，我惊讶地发现，一些孩子的作文"段位"高出胖豆好几个等级，可以说文采、立意双一流。

我曾给胖豆看过一篇描写蜗牛的满分作文，那篇文章从描述"蜗牛在柔风中颤颤巍巍向上爬，触角骄傲得高高昂起"开始，到蜗牛突然摔倒时作者内心的同情和叹息，再到发现蜗牛重新伸出软软的触角，缓慢而又坚定地继续攀爬的生动场景，无不透露出作者细腻的观察与深刻的感悟。

在一段非常精彩的细节描写之后，作者又联想到流行歌曲《蜗牛》中的歌词："我要一步一步往上爬……小小的天有大大的梦想……"进而联想到自己练琴时的沮丧和气馁，与蜗牛无惧坎坷、坚定爬行的精神形成了鲜明对比。

从描写蜗牛联想到歌词，再到自己练琴的感受，整篇文章镜头转换自然，时空流转顺畅，既生动又深刻。胖豆就很难写出这种笔触细腻、文采飞扬的文章。他天性较为钝感，再加上平时阅读的多为科普类书籍，缺乏文学作品的熏陶，在共情能力和文字描写上就显得干瘪得多。

他读小说时，总是习惯性略过那些精彩的环境描写和氛围烘托，觉得它们太过啰唆，只专注于追主要情节。为了培养他的文学鉴赏力，我现在会刻意引导他留意，甚至去记忆那些精彩的片段描写，并要求他每周仿写两三段。

由于自己踩过坑，我强烈建议其他家长，从孩子三年级开始，就开始引导他们多读文学性书籍，至少应占课外阅读量的一半以上。这些书籍包括但不限于各类国际儿童文学奖获奖小说、名家的散文读本以及经典现代诗等。

尤其是对于性格大大咧咧的男孩，更要多读好的文学作品。这样可以帮助他们更深刻地感受到，生活原来比他们感受到的要更加丰富、细腻和生动。通过阅读，他们可以了解到原来人的情绪和感受有这么多的层次和角度，原来在不同或相同的境遇下，人与人之间的差异会如此之大，人生的走向也可能截然相反。探究这些差异的原因，对于培养孩子的共情能力、阅读理解和写作能力都有非常大的帮助。

那么，在众多文学书籍中，我们该如何为孩子选择呢？一个简单且高效的方法是选择国际大奖小说，如纽伯瑞儿童文学奖、卡内基儿童文学奖、国际安徒生奖等大奖的获奖作品。

当然，也有一些孩子，尤其是女孩，可能更喜欢阅读文学书籍，而对非虚构类书籍读得较少。这可能会导致他们在科普说明方面出现问题，所以最好的办法就是两方面都有所涉猎。

6.9.2　现实教会我们的一课：预习真的很重要

第二个坑是我们没有养成坚持预习的习惯。

说实话，这个习惯虽然众所周知，但我们并没有重视并坚持养成。在小学阶段，尤其是低年级时，由于课内知识简单，胖豆往往只需上课听一听，写作业前再快速复习一遍，便能基本掌握所学内容。所以，除了完成学校语文老师布置的作业，我并没有严格要求胖豆坚持预习。

但进入中学后，预习的重要性愈发凸显。没有预习，面对课堂上的大量知识点，胖豆虽然听得很努力，但往往来不及做笔记，所以他经常在课后花费大量时间补笔记。

现在，我开始有意识地提醒胖豆每天进行预习。有些孩子和家长可能会抱怨时间紧，没法预习。其实，预习并不需要孩子掌握所有的新知识，只需"混个脸熟"，主要是大概了解一下下节课要讲的重点和难点。这样上课时就能有意识地去重点关注自己不懂的地方，有针对性地记笔记，从而提高课堂效率。

为什么小学阶段内容简单，不预习也能搞定学习，我还是建议要在小学阶段就养成预习习惯呢？因为惯性的力量太强大了，小学时坚持预习，到了初中就能自然而然延续这一习惯。反之，如果小学阶段没有养成预习的习惯，上初中后就要花费更多的心力去培养这一习惯。

比如胖豆现在就需要我们不断提醒才能预习，他自己脑子里"没这根弦"。而且孩子越大，养成习惯就会越困难。因此，预习的意识越早培养越好，这样到了初中阶段，孩子自然而然就养成预习的习惯了。

6.9.3　练字！练字！练字！重要的事说三遍

练字是被我严重低估且应该早早重视起来的一项课题。

在胖豆二三年级的时候，我确实零零散散地让他临摹过字帖。但说实话，并没有严格要求他，也没有强求结果。这种松散的态度导致他一有其他事要做，就会随时暂停练字。而且，一旦放下，就会好长时间捡不起来。这种三天打鱼两天晒网的练字方式，导致的结果就是胖豆的字没练出来，写得虽然不丑，但也不好看。

但到了四五年级，学习时间变得紧迫，题量一大，字写快了就开始显得潦草。这个时候再去纠正他的字写得不好，如果要写得好，就必须放慢速度，作业效率就会直接下降。他的课外任务实在太多了，时间显得是那样捉襟见肘。所以，我也就没法去计较他的字好不好看了。就这样，问题一直拖到了现在。

没想到进入中学后，老师对孩子练字的要求非常严格，每天都要求完成一页练习作业，并且会评分，评分还会计入平时作业成绩。这着实"为难"到了胖豆。

他对于练字有畏难情绪，觉得练字是件枯燥的事情，费了不少时间和精力还写不好。我现在每天连敲打带夸赞，一边督促一边鼓励，希望能帮助他攻克练字大关。看看，我们小学时偷过的懒，到了中学还是得还。

所以，小学阶段，家长们一定要督促孩子尽早把字练好，并且把写字速度提上来。千万不要像我们这样，基础问题一直遗留到中学，本就不富裕的时间每天还得挤出半个小时来练字。

我为什么要强调写字速度呢？因为这关乎考试答题的效率。我一个朋友家的孩子就是个例子。他写字特别慢，上学期期中考试，他在前面的阅读理解部分花了太多时间，密密麻麻地写了一堆，结果到最后写作文时，只来得及写了个开头，考试结果可想而知。

当然，我并不是说越早练字越好。因为幼儿园中小班的孩子手部发育尚不完善，而写字又是一项需要手、眼、脑共同协作才能完成的精细技能，对他们来说，实在是一项高难度挑战。

据调查，2 ~ 4 岁的幼儿中，有 90% 的孩子处于涂鸦阶段；到了5 岁，虽然有 95% 的孩子能够准确地临摹画画，但仍有高达 75% 的孩子无法做到以正确的笔顺和稳定的姿势书写简单的汉字。

所以，让他们随便涂涂画画可以，但要想让他们写出一手好字，显然还为时尚早。

关于练字，如果能重来一次的话，我会让胖豆在学前阶段就开始练习卧姿控笔，进入一二年级后，我会更加严格地监督他的练字情况。报写字课也好，使用免费 App 也好，还是买课本同步的生字字帖，甚至像我现在这样"定制"字帖，都是可行的选择。但无论选择哪种方式，重要的都是坚持。

为了提高效率，节省时间，我现在使用软件自制了学校要求默写的古诗词的字帖，并打印出来，每天让胖豆练习一页。这种方法我强烈推荐给大家，将默写古诗词和练字结合起来，可以起到事半功倍的效果。

虽然这个过程并不复杂，但要找到每个年级课本对应的古诗词，并逐一生成字帖，确实需要花费一定的时间。因此，我在有空的时候就会做一点，现在已经完成了 1 ～ 7 年级上下册（本学期可用）的课本同步古诗词（含小古文）字帖。有需要的朋友，可以在我的公众号"帝都胖豆求学记"下留言领取。

后 记

今天是一个值得纪念的日子——我终于写完了人生的第一本书。

我自认不是什么出类拔萃的海淀妈妈，但至少可以算个合格的海淀妈妈。在陪伴孩子学习和成长的过程中，我始终全心投入，积累了很多经验，也吸取了不少教训。

有些努力已经初见成效，而有些仍在摸着石头过河，小心翼翼地探索中。

三年前的三月，我开始了公众号写作。最开始，这只是为了让自己静心，因为写作需要集中注意力，需要静下心来才能完成，很适合打发我睡不着时的漫漫长夜。

没想到，慢慢地，从最初的家人关注，到同学、朋友，再到朋友的朋友，以及很多热心人的推荐，越来越多的读者加入了我们这个大家庭。到现在，已经有数十万朋友关注了我的公众号。

这本书，可以说是我这三年来分享文字的精华总结。

我知道，很多读者是因为"学习"这个话题而关注我的，我也明白写学习经验的文章阅读量往往更高。但我依然执着于同步分享教养孩子的点滴，因为"豆哥太难搞了"，这些斗智斗勇的经历让我积累了丰富的"战斗"经验。

因为我曾淋过雨，所以我想为别人撑一把伞。

我想对那些和胖豆一样有着层出不穷问题的孩子的妈妈们，真诚地说一句："别急，前面一定有路！"

无论是引导孩子学习，还是教育他做人，我都只是个摸着石头过河的普通妈妈。我不敢说我的分享绝对正确，毕竟每个孩子都是独一无二的，如果我的观点有所偏颇，还请大家多多包涵。

但我可以保证，我所分享的一切都是我和胖豆这些年来的亲身经历、切身感悟，以及亲眼见证或求证过的真实体验。

有朋友曾不止一次地劝我："你为什么不为胖豆打造一个更完美的人设呢？总是在公众号里曝光他的糗事，其实并不利于你的分享。胖豆越完美，你的分享才越有说服力。

"你看看别的公众号里的孩子，都是不仅自律学习还好。还有你自己，能不能做一个情绪稳定的 KOL[1]？"

我听了后笑了笑，说："打住，首先，我不是什么 KOL，我就是一个普通妈妈，我从没有想过要说服谁。"

我只是想单纯呈现一个真实的胖豆，他就是不完美，就是总淘

---

1 KOL（Key Opinion Leader），关键意见领袖。——编者注

气，还时不时地作妖，气得我肝儿疼。

我认真培养了他这些年，尽管我一撒手，他有时依然做不到自觉学习，但无论如何，他都是我的儿子，我依然爱他。

但我也允许自己偶尔炸毛，发泄一下情绪，说说自己和孩子的糗事。

毕竟，真实比体面更重要。写作也好，育儿也罢，甚至是夫妻关系，一旦脱离了真实的底色，记录也就失去了意义，甚至变得拧巴。

尽管我学习了很多情绪管理的知识，但当胖豆在青春期反复作妖拱火的时候，我还是会忍不住发飙。我承认自己的局限性，但我会继续努力提升自己。

我也会经常和胖豆爸吵吵架，拌个嘴，这也是我们真实生活的一部分。

温柔、文艺的是我，暴躁、"三俗"的也是我，分裂吗？也许吧，但这就是真实的我，是我们生活的真实写照。

我经常被公众号下读者们的留言所感动和治愈。原来不完美，甚至有诸多瑕疵的我们，依然被认可着、喜欢着，这让我的忙碌突然有了意义，同时我也看到了许多人的不易——我其实过得还不赖，还矫情些什么呢？

感恩！这也让我更加坚定了自己的初衷：凉白开最解渴，大实话才动人。

这些年来，我在公众号的留言和私信里看到了很多妈妈分享给我的故事和孩子们的经历，这些都对我产生了很大的启发。

有一次，一位妈妈向我倾诉了许多她憋在心里、在现实生活中无法言说的事情。说完后，她感到轻松了许多，向我表示感谢，我也为她感到高兴。

我愿意做一个树洞，去倾听别人。但请放心，别人的隐私，我是绝对不会写出来的。即便我想在文章中借用某个事例去讨论共性问题，我也一定会先征得本人的同意。这是我做人的底线。

我一直认为，做任何事情，都得先做一个好人。

我并不是什么光芒耀眼的人物，我只是个散发着微光的普通人。但微光也是光，微光也可以有自己的坚持。我希望我的微光能够给他人带来一丝温暖和光亮，而不是刺眼或欺骗。我不会为了流量而迷失自己。

我只是一个初一孩子的妈妈。不管是写公众号文章，还是这本书，我都遵循着一个原则：必须是我敢光明正大地拿给我儿子和其他孩子看的。

我会继续写文章，分享我们在育儿路上的喜怒哀乐、我们对很多事情的看法，以及对生活的感悟。

其实，你们也是我的树洞，我也要感谢你们的倾听，还有回响。

我一定不辜负大家的信任，继续坚持讲真话的原则，将真实分享进行到底。

学习类的文章，我会更加用心地研究一些更高效、实用的方法，并在实践验证后再分享给大家。

新的一年里，我也会继续坚持，始终秉持真听、真看、真实践、真思考、真分享的态度，不断输出好的内容。

在育儿方面，成功与否并不取决于是否应用了理论，而在于能否因材施教。育儿的效果也不在于家长学历高低，而在于其用心与否。而所谓的"用心"，其实就是不断拉近我们与孩子内心之间的距离。教育的模式多种多样，爱却从来没有标准答案。

我想在这个阳春三月，邀请正在阅读这本书的你，一起学习，一起成为成长型的妈妈。我们不照搬别人的方法，而是尊重孩子的个性，倾听他们的声音，因材施教。

让我们用实际行动去告诉我们的男孩：学习，是从小到大再到老，都需要做的事情。

育儿路上，一个人走太孤单，大家互帮互助才能走得更远。我们一起加油！

2024 年 3 月